Der Kult Israels in seinen Hauptbegängnissen zur Zeit Davids

Hermann Seifermann

Zum Autor

Hermann Seifermann, geboren 1925 in Neusatz (Bühl, Mittelbaden), seit 1959 Mitglied des Oratoriums des hl. Philipp Neri in München, lehrte zunächst am Münchner Institut für Katechetik, Erwachsenenbildung und Homiletik, anschließend bis 1990 an der katholischen Stiftungsfachhochschule in Eichstätt „Exegese des Alten Testaments und Didaktik des Bibelunterrichts". Darüberhinaus engagierte er sich jahrzehntelang in bibeltheologischer Erwachsenenbildung u.a. in Freising, Neustadt (Weinstraße), Würzburg-Himmelspforten und Burg Rothenfels.

Die vorliegende Schrift ist das Ergebnis des jahrzehntelangen Forschens im Rahmen dieser Lehr- und Vortragstätigkeit. Kurz vor dem Erscheinen dieses Manuskriptes, dessen Veröffentlichung er bejahte, ist der Autor gestorben. Die Bearbeitung zur Drucklegung haben seine langjährigen Mitarbeiterinnen Agnes Bohlen (Schmelz-Michelbach) und Agathe Strohmayer (München) besorgt.
Zugrundegelegt wurden die Bibelübersetzung von Martin Buber (Verlag Lambert Schneider, Heidelberg) und die hebräische Umschrift nach Jenni/Westermann (Theologisches Handwörterbuch zum Alten Testament, Chr. Kaiser Verlag München 1978).
Titelbild: Relief der Synagoge von Priene, Grabstele mit siebenarmigem Leuchter, Ident. Nr:. 4691, Staatliche Museen zu Berlin.

München, im Mai 2014

Inhalt

Der Kult Israels in seinen Hauptbegängnissen zur Zeit Davids

Das Kultbegängnis in Jerusalem als Aufsammlung, Deutung und Darstellung erfahrener Geschichte, als Vorgang der Sprache, als Verpflichtung der Generationen, als Hütung des Lebens in all-einräumender Feier

Einführung

Es gilt, den geographisch-geschichtlich-theologischen Hintergrund des Kultes in Jerusalem zu kennen, um ihn zu verstehen. Darin spiegelt sich wieder die aufgesammelte, sprachlich dargestellte und gedeutete Erfahrung Israels mit seinem Gott inmitten der Geschichte. Es ist neben dem pæsaḥ (Pessach) im Frühjahr und dem Pfingstfest im Frühsommer in der Hauptsache das große Herbstfest, das Laubhüttenfest mit dem Reichtum seiner Einzelbegängnisse, das uns interessieren soll, weil es im Grunde d i e Kultfeier ist, in der Israel die Fülle der Zeit feiert. Alles Feiern Israels hat eine Geschichtsnote, ist Geschichtsbegängnis. Das bedeutet, dass wir über die Geschichte Israels Bescheid wissen müssen, wenn wir uns mit dem Kult befassen. Man kann vom Kult Israels nicht sprechen ohne Kenntnis der Vorgeschichte Israels, wie sie in der Bibel festgehalten ist, z. B. in den Büchern Exodus, 1-2 Samuel, 1-2 Könige, Josua und den Propheten. Darum müssen wir uns die Geschichte Israels wieder in Erinnerung rufen. Was in Teil A dieses Skriptums erarbeitet ist, befaßt sich mit der Vorgeschichte des Kults in Jerusalem.

Teil A

Der geographische-geschichtliche-theologische Hintergrund des Kultes in Jerusalem

I Der Aufbruch Israels

Präisraelitische Überlieferungen

1. Die sogenannte Lea-Gruppe und ihre Überlieferungen

- Die Israel-Überlieferung:
„Israel" als Rechtsprechungsverband in der südlichen Wüste
Es gab in der südlichen Wüste eine Oase mit Namen Kadesch-Barnea. Die Hebräer der südlichen Wüste kamen dort zusammen, um Rechtsstreitigkeiten zu schlichten. Recht ist mišpāṭ, das sind kasuistische Rechtsmaximen, nie unbedingt, nie selbstverständlich. Streit ist mᵉrībāh (Ex 17,7; Dtn 33,8; Num 20,13). Die Leute, die sich dahin gebunden sahen, nannte man im Verband "Israel", jiśrā'ēl. Es gab also in Kadesch-Barnea einen Rechtsprechungs-verband zwecks Schlichtung von Rechtsstreitigkeiten namens „Israel". Das ist die früheste Bedeutung dieses Wortes, die bekannt ist; von der Struktur her ist es kein israelitisches Wort. Das ist noch nicht das biblische Israel.
"Israel" als Kultverband in Sichem (šᵉkæm)
Einige von denen, die diese Rechtsprechungspraxis kannten, sind seßhaft geworden in Kanaan und hatten in Sichem ihren Ort. Sie kommen nach Sichem zum Baum von Sichem, erfahren dort Mehr, Anderes, von dort her haben sie Raum, Heimat, Gegend. Gemeinde bildet sich, ('ēdāh). Sie machen in Sichem Kult dem Gott am Ort, dem 'ēl am Ort: Ein Liturge tritt vor die Gemeinde mit dem Spruch „Ich bin der Gott dieses Ortes", es folgt die Verkündigung des Gesetzes dieses Ortes. Gesetz (ḥōq) ist apodiktisch, unbedingt, selbstverständlich, du bist es inne. Der Baum von Sichem ward ihnen zum Gottort, māqōm, zu einer „Erstehung". Der Vollzug der Gottesverehrung am Ort ist Ehrfurcht.
Auch nach der Seßhaftwerdung haben sie Rechtsstreitigkeiten. Um nach Kadesch-Barnea zurückzugehen, ist der Weg zu weit. Sie nehmen den Ort Sichem anstelle von Kadesch-Barnea und machen hier genau das, was sie dort gemacht haben: Rechtsprechungspraxis. Und sie nennen sich, wie sie sich in Kadesch-Barnea genannt haben: "Israel".
Die Rechtsprechung geschieht also jetzt im Ehrfurchtsbereich des Gottes am Ort und der Name "Israel" wird zum Namen für einen Verband, der zugleich Kultverband und Recht-sprechungsverband ist, ein Verband, der als Liturgie hat "Verkündigung vom Gesetz des Gottes" und als Praxis hat "Rechtsprechung".
Unter den seßhaft Gewordenen entstehen allmählich größere Verbände: die sechs Stäbe Ruben, Simeon, Lewi, Juda, Zabulon und Issachar mit Sitzen im Hinterland, nicht in den Ebenen. Da sie dort ständig ihre Gemeinschaft haben, bilden sie eine kultische Verehrerschaft des Gottes des Baums von Sichem, eine kultische Umwohnerschaft (Amphiktyonie) um den Baum von Sichem.
Zwischen den drei Stäben Ruben, Simeon und Lewi, die ihre Sitze um Sichem herum hatten, und der amoritischen Bewohnerschaft von Sichem kam es über die verschiedenen Heirats-und Handelssitten zur Kollision mit dem Ergebnis, dass diese drei Stäbe von Sichem weg versprengt werden: Ruben nach Ostjordanien östlich der Nordhälfte des Toten Meers, Simeon im Süden eingesprengt unter den Stab Juda, und Lewi wurde ganz zersprengt, hat kein geschlossenes Siedlungsgebiet mehr.

- Die Jahwäh-Überlieferung:
Der Berg in der Wüste
Der Name Jahwäh haftet, wenn er in der Bibel auftaucht, am "Berg in der Wüste", der südlichen Wüste, dem Sinai (sīnaj): Jahwäh als der 'ēl, der Gott des Berges. Jahwäh ist der Name des Gottes des Bergs in der Wüste.

Jahwäh ist ein Ortsgott: Hier ist māqōm, Heimat, Gegend, Raum, es gilt ortsgotthafte Frömmigkeit: einräumen, vertraut werden, Gesetz wissen, Ehrfurcht haben, innehalten, feiern Sabbat (šabbāt).

(Die Frage, woher der Name Jahwäh stammt und was er bedeutet, ist für die Forschung bis heute ein Rätsel. Die Schreibweise ist meist "Jahwe", hebräisch: Jahwæh, s. S. 23. Die Deutung in der Dornbuschgeschichte (Ex 3) ist keine wissenschaftliche, sondern eine volksetymologische oder in diesem Fall eine theologisch-etymologische Ausdeutung des Wortes.)

Die Hebräer als die Verehrer des Jahwäh vom Berg in der Wüste.

Die Verehrer dieses Gottes, die in seinem Raum, in dieser Gegend, in dieser Heimat orientiert sind, die den Kult besorgen, die um sein Gesetz sich kümmern, die wissen, was man hier tut und was man nicht tut, das sind die Hebräer, Nomaden der südlichen Wüste, eine völkisch-national nicht abgegrenzte Gruppe. Der Name ist ein Name im Mund der Kulturlandbewohner, was die Beduinen nicht hindert, sich selbst im Umgang mit Kulturlandbewohnern Hebräer zu nennen.

Der Berg in der Wüste als Wallfahrtsort:
Die Wallfahrtspraxis der seßhaft gewordenen Hebräer
In der Phantasie beherrscht dieser Berg die Gemüter: Das ist die Heimat, die Gegend, der Ort. Die anderswo Seßhaftgewordenen zieht es immer wieder dorthin. So kommt es zu einer Wallfahrtspraxis der seßhaft gewordenen Hebräer zum Berg in der Wüste von Kanaan aus. Dabei bekommt Beerscheba (be'ēr šæba', Siebenquell), am Südrand des Kulturlands gelegen, als letzte Station vor dem Weg durch die Wüste eine eigentümliche Bedeutung: Hier weiß man besonders gut Bescheid über die Verehrung des „Jahwäh vom Berg in der Wüste". Auch die Bewohner von Beerscheba werden da hereingezogen, bekommen also einen eigenen Rang im Zusammenhang mit der Verehrung des Jahwäh vom Berg in der Wüste. Damit eng verbunden ist die Sonderrolle der Lewiten.

2. Die sogenannte Rahel-Gruppe (Rāḥēl = Mutterschaf) und ihre Überlieferungen:
Pflege von Geschichte im Gedächtnis der Gruppe

- Die Schilfmeer-Überlieferung
Das Pessach (pæsaḥ, von pāsáḥ, überspringen, hinken) in Schittim und seine Bedeutung
Die Rahel-Leute, die aus Ägypten kommen, gehen nach der Seßhaftwerdung jährlich zum Frühjahrstermin nach Schittim an den Rand der ostjordanischen Wüste, um ihr Heilsgeschichtsfest zu begehen. Sie versammeln sich dort, begreifen sich als ihres Rettergottes Gruppe vom Delta her, vom Schilfmeer her. Dabei gedenken sie auch des letzten Pessach-Mahles vor ihrem endgültigen Eintreten ins Land.
Für das Pessach-Gedächtnis haben sie ein bei allen Nomaden geübtes Ritual, aber für das Großereignis der Rettung am Meer, dessen sie bei der Gelegenheit auch gedenken wollen, haben sie hier kein Ritual. Die Pessach-Bräuche gegen einen šēd (Dämon) taugen dazu nicht. So können sie die Rettungstat nicht begehen, haben nur eine Legenda, aber keine entsprechende Agenda.

Das Durchschreiten des Jordan als rituales Gedenken an das Schilfmeergeschehen
Auf dem Heimweg von dem Begängnis in Schittim müssen sie über den Jordan. Sie haben am Rand der Wüste des Aufbruchs aus dem Delta gedacht und gedenken nun am Jordan dessen, was danach am Meer geschehen ist. Der Jordan wird ihnen damit agendahaft zum Schilfmeer. Sie durchqueren den Jordan auf einer Furt. Die geprägte Bezeichnung für das Durchschreiten einer Furt ist 'ābár. Das Durchschreiten einer Furt geschieht auf Sandgrund, ḥārābāh.

In ihrer Agenda wird das Schilfmeer ein Wasser, das man auf einer Furt durchschreiten kann. Sie tragen also die Anschaulichkeit einer Jordanfurt ein in ihre Vorstellung vom Schilfmeer. Die Ausgestaltung des Durchschreitens der Jordanwasser wird zu einem Ritual des Gedenkens an das Schilfmeergeschehen.

Die Neuerfassung des Schilfmeergeschehens als eines Durchschreitens ('ābár) im Sinn und nach der Anschaulichkeit des Durchschreitens der Jordanwasser an einer Furt geschieht also auf Sandgrund.

Die bisherige theologische Aussage bleibt gültig. Früher hat sie geheißen: Unser Gott hat uns gerettet. Jetzt heißt sie: Unser Gott hat uns durchschreiten lassen die Wasser des Schilfmeers. So entstehen Texte, die jordanhaft reden vom Schilfmeer (vgl. Jos 2,10; Jos 3,17; Jos 4,23; Ex 14,21; Ps 66,6; Ps 114,3: „Das Meer sah es und floh, der Jordan bäumte sich"). Da wird die Liturgie besungen.

- Die Kriegsüberlieferung

Das geschichtliche Ereignis

Kleinviehnomaden kennen keinen Krieg. Die Seßhaftwerdung ist prinzipiell ein friedlicher Vorgang. Früher oder später kommt es aber zur Berührung mit den Kanaanäern, zum Aufeinanderprallen zweier grundverschiedener Welten. Diese friedliche Seßhaftwerdung geht über in eine Reihe von Kämpfen (Richterzeit). Die erste namhafte Kriegsaktion ist die Schlacht Josuas bei Gibeon im Tale Ajalon gegen fünf Amoriter-Kanaanäer-Könige (Jos 10,12-14).

Die theologische Erfassung dieses Geschehens

Unser Gott hat für uns gekämpft. Es war eine Situation, d. h. für sie eine Gotteserfahrung wie am Schilfmeer. Dort hat es geheißen, unser Gott hat uns gerettet, hier heißt es, er hat unsere Feinde geschlagen. Kurz gesagt: Er ist ein Kriegsmann, 'īš milḥāmāh. Er ist ein Gott der Scharen, ṣ^ebāōt. Er ist mit ihnen im Lager, maḥ^naḥ, gemeint ist Kriegslager. Er fährt aus (jāṣā ☐) mit ihnen aus dem Lager. Er schlägt (nāḵāh). Er kommt, bō'.

Das Kultritual zum Gedächtnisbegehen an den Josua-Sieg bei Gibeon im Tale Ajalon

Israel ist am Rand der ostjordanischen Wüste versammelt, um Gedächtnis zu begehen an die Rettung am Schilfmeer bis zum Sitzen im Land. Dabei war der Jordan die letzte große Sache geworden. Jetzt sind sie in Gilgal und müssen nun noch einer Sache gedenken: des Sieges des Josua bei Gibeon Ajalon über die Landesbewohner, die Amoriter/Kanaanäer, als Rettungstat ihres Gottes.

Da liegt eine Ruine einer 10000 Jahre alten Stadt, Jericho. Jetzt gehen sie von Schittim aus über den Jordan in Prozession ins Lager nach Gilgal mit Stierbild und Lade. Von dort brechen sie auf nach Jericho zum Begängnis des Kriegsereignisses und feiern es liturgisch: Sie umkreisen die Stadt und erobern sie, besiegen den Kanaanäer, den Amoriter und kommen dann nach geschehenem Sieg wieder ins Lager nach Gilgal. Nicht Jericho wurde eingenommen, die Ruine diente ihnen nur zur Liturgie. Zu einer vorhandenen Legenda tritt eine Agenda

Die Neufassung des Schilfmeergeschehens wird jetzt beeinflußt durch das Kriegsereignis und als Kampf des Gottes gegen die Ägypter dargestellt. Daher wissen sie, Gott ist ein Kriegsmann, der kämpft und siegt. So fällt aus der Kriegsaktion, dem Wissen um den Kriegsmann, den Gott der Scharen (ṣ^ebāōt), ein Licht zurück: Er ist auch der, der sich am Schilfmeer schon einmal erwiesen hat als wie ein Kriegsmann.

Am Rande der ostjordanischen Wüste war also die Stelle gewesen, wo sie sich einfinden im Gedächtnis daran, daß sie im Rahmen des Pessach die Wüste verlassen haben sowie daran, daß sie Ägypten verlassen haben. Dann waren sie aufgebrochen an den Jordan und gedachten daran, daß sie am Schilfmeer durchkamen und die Wasser durchquerten.

So kamen sie nach Gilgal und brachen von dort auf in Prozession mit Stierbild und Lade zum Ritual gen Jericho. Angesichts der Ruine von Jericho gedachten sie der Schlacht und des Sieges über die Kanaanäer (Jos 10,12-14).

Das Gedächtnisgeschehen in Gilgal, das bis dahin eine Privatangelegenheit Israels ist, wird jetzt wie alles andere durch den Krieg überlagert. Das Wort „Lager" dringt in alle Legenden ein, sprich: Das Kriegsgeschehen wird dominant. Das hängt damit zusammen, dass es sich jetzt historisch um die Richterzeit handelt, die von Kämpfen und Auseinandersetzungen mit den Kanaanäern geprägt ist.

Anmerkung: Weitere Hinweise zu Gilgal vor allem bezüglich der Lade sind im Zusammenhang mit Schilo nachzulesen (Seite 11).

- Die Überlieferung von der "Führung durch die Wüste":
Sie wird sprachlich gefaßt als „Heilsgeschichtsbogen". Auch diese Darstellung ist keine Historiographie, sondern Liturgie. Mißversteht man die Legenden zu den Begängnissen, dann kann man in der Tat den Eindruck gewinnen, es habe historisch einen Zug gegeben, der vom Delta, von Ägypten aus strikte an den Rand der ostjordanischen Wüste und hinein nach Kanaan geführt hätte. Diese Wanderung hat es aber historisch so nie gegeben. Sie ist eine gedankliche Zusammenraffung all der unzähligen Kreuz- und Querwege von nomadischer Vergangenheit, die geendet hat in Kanaan. Was da dargestellt ist, hat immer mit Liturgie zu tun.

Es geht bei der Darstellung „Führung durch die Wüste" nur um dieses Eine: Gott hat uns aus Ägypten geführt, am Meer gerettet, durch die Wüste schreiten lassen bis an den Rand der ostjordanischen Wüste, dort durch den Jordan schreiten lassen, in der Auseinandersetzung mit den Kanaanäern siegen lassen, im Land Kanaan Heimat finden lassen. Es geht letztlich um die Bezeugung des Handelns Gottes an Israel. Es geht um Gotteserfahrung und die Bezeugung davon und es geht nicht um Protokoll.

Soweit die Kurzfassung der Kulte der Israeliten in vorstaatlicher Zeit. Nach der Staatwerdung und Entstehung des großen Kultes in Israel gehen aus diesen frühen Kulten Merkmale in den großen Kult ein und sind heute noch als solche zu erkennen. Es kommt Sprache vor, die als aus den frühen Kulten stammend zu erkennen ist.

Zum Verständnis des Sprachvorgangs: Es handelt sich also bis jetzt im Grunde um zwei liturgische Ansätze: die Liturgie vom Rand der Wüste und Jordan bis Gilgal einerseits und die Liturgie von Gilgal bis Jericho andererseits.

Die Gründung Israels auf dem Landtag von Sichem

1. Die Zentralisierung Israels
In der Bibel kennt man einige Vorzugsorte in Kanaan für Israel. Ein Vorzugsort ist Sichem, ein anderer Gilgal, ein weiterer Bet El, dann Beerscheba, Schilo. Sie haben nicht fünf wichtige Orte, sondern ganz Israel versammelt sich für ein je anderes Begängnis am jeweils eigenen Zentralort. Wenn sie das Begängnis begehen wollen der Verkündigung von Gesetz und Recht, gehen sie nach Sichem; wenn sie aber Heilsgeschichte begehen wollen, gehen sie nach Gilgal, wenn sie opfern wollen, nach Schilo.

- Das Baumheiligtum, die Steineiche von Sichem als Zentralort für Israel
Wenn wir sagen "das Zentralheiligtum von Sichem", "der Baum von Sichem als Zentralort", dann müssen wir "Ort", māqōm, denken, d. h. auch "Mitte", "Raum" "Heimat" denken, 'ēl in Verbindung mit Gesetz ("man weiß, was man tut, was man nicht tut") denken.

Israel ist rund um Sichem gegründet in dieser Heimat, an diesen Ort gebunden, der Mitte ist, eine „Erstehung". Das hat Auswirkung: Israel als Israel kann man hinkünftig nur so verstehen.

- Israel als Gemeinde, 'ēdāh
Israel ist eine Ortsgemeinde, d. h. Abstand halten, Ehrfurcht wahren, einander annehmen. Am Ort wird jetzt das Unsichtbare wirklich, plötzlich waltet unversehens das Gesetz des Gottes der Verträglichkeit. Der Gott, das Mehr, das da ins Spiel kommt, macht sie einander verträglich am Ort. Die Vollzugshaltung ist Ehrfurcht. Die Verfaßtheit Israels als Gemeinde am Zentralheiligtum von Sichem ist am Anfang also die einer Ortsgemeinde, konkret gesagt: eine große umfassende Nachbarschaft.
- Die Verkündigung von Gesetz und Recht (ḥōq und mišpāṭ s. S. 3)
Gesetz, ḥōq, ist das unbedingte, apodiktische „das tut man nicht in Israel". Recht, mišpāṭ, ist kasuistisch: wenn ..., dann ..., lauter Ausmünzungen ins praktische Leben.
Liturgie in Sichem: kommen, innehalten, Abstand wahren, Ehrfurcht erweisen, sich miteinander vertragen, und außerdem - jetzt wird das Unsichtbare, daß dieser Ort für uns Mehr bedeutet, ins Wort gefaßt – heißt das: Einer von uns tritt an Gottes statt heraus und sagt mit Worten, was nun anwest. Die Selbstvorstellungsformel: Ich bin der Gott dieses Baums. All das, was gilt am Ort, wird jetzt als Satz, als Gesetz verkündigt.

2. Die Dienst-Ämter Israels in Sichem
- Das Amt der Abgeordneten
"Abgeordneter" ist hebräisch ein nāśī', wörtlich heißt es "tragend" und "tragend gemacht worden", das ist eine Passiv-Form, die einen Aktiv meint.
In Sichem ist Israel eine Ortsgemeinde, die aus einzelnen Stäben besteht. Die sind in Sichem vertreten als Amphiktyonie-Gruppen, also müssen sie je einen Vertreter haben. Diese Vertreter nennt man nāśī', neśī'īm (Pl.), deutsch "Abgeordnete", die gewählt werden. Es gibt also zwölf Abgeordnete der zwölf Stäbe Israels in Sichem, wenn sie als Gemeinde dort sich versammeln.
- Das Amt des "Richters in Israel", šōpēṭ
Gemeint ist, was wir heute haben im Bundesverfassungsrichter, er ist der Hüter des Grundgesetzes. Aus diesem Amt entwickeln sich in Israel später die Propheten als Anwälte des Gottesrechtes gegenüber den politischen Größen, z. B. den Königen.
- Das Amt der Jünglinge
Jedes Jahr tritt eine neue Generation ins Erwachsenenalter. Die Gemeinde ist die Gemeinde der Erwachsenen, bis zu einem bestimmten Alter spielen die Kinder in Sichem keine Rolle. Aber jedes Jahr rückt eine neue Generation herein und es scheint so, daß diese neue Generation hereingezogen wurde und Verantwortung übertragen bekam. In der Bibel werden sie häufig mit ne'ārīm (Pl. von ná'ar, der Knabe, der Jüngling) bezeichnet.

3. Jahwäh als der gemeinsam verehrte Gott
- Die Anregung Josuas und ihr Sinn:
Auf dem sog. Landtag von Sichem hatten sich die zwölf Stäbe – das sind neben den zuerst Eingewanderten (Ruben, Simeon, Levi, Juda, Zabulon, Issachar) auch die später über Ostjordanien eingewanderten Stäbe mit der Schilfmeertradtion (Jakob-Gruppe Josef und Benjamin) sowie zur Ergänzung auf die Zwölfzahl Dan, Gad, Asser und Naftali – zu einem Zwölferverband zusammengeschlossen. Auslöser dafür war die Tatsache, daß Josua nach seinem Sieg über die Kanaanäer/Amoriter bei Gibeon im Tale Ajalon eine starke Position hatte. So schlug er auf dem Landtag von Sichem (Jos 24) vor: Wir verehren als Zwölfer-verband in Sichem den Jahwäh, den vom Sinai, den vom Berg in der Wüste. Der Vorschlag findet Zustimmung. So vereinbart man: Die Verehrung des Zwölfer-Israel gilt auch in Sichem dem Gott vom Berg in der Wüste namens Jahwäh. So wird aus der Amphiktyonie nun eine Jahwäh-Amphiktyonie. Dies scheint der Sinn zu sein: Dann sind wir alle gleich, keine Älteren, keine Jüngeren, im Blick auf Jahwäh sind wir alle gleich, Hebräer von vormals.

- Die Auswirkungen im Blick auf Jahwäh und auf Israel:
Jahwäh ist nun der Gott der Gemeinde Israel in Sichem. Für die anderen Hebräer bleibt er der Gott vom Berg in der Wüste.

Jahwäh als „Gott Israels" (= Gruppengott, 'ēl)
Der Ausdruck „Gott Israels" ist die typische Sprachgestalt zur Bezeichnung einer Gruppe mit ihrem Gott, eines Gottes mit seiner Gruppe. Rein von der Sprachgestalt her ist Israel jetzt nicht mehr nur Gemeinde, sondern Gruppe, politische Größe. Dadurch unterscheidet es sich von den andern, die auch zum Ortsgott kommen, sich aber weiterhin als Gemeinde verstehen. Man spricht nun nicht mehr vom Gott des Ortes nur, sondern vom Gott des Verbandes, sprich: Israels. Der Ausdruck "Gott Israels" ist sprachgestaltmäßig die Bezeichnung eines Gruppengottes. Israel redet jetzt von seinem Gott als „unser Gott". Kein Ortsgott ist "unser Gott"! Er ist der Gott des Baums, des Bergs, und der hat Gemeinde, Gemeinden verschiedenster Art. Aber eine Gruppe hat "ihren Gott".

Jahwäh als Gott Jakobs (der Jakob-Gruppe)
Jakob (über Ostjordanien eingewandert und um Sichem herum seßhaft geworden) und Israel sind mittlerweile in eins gesetzt. So bahnt sich ein gruppengotthaftes Sprechen an. „Gott Jakobs" ist unter der Hand zu einer Gruppengottbezeichnung geworden.

- Die Lewiten als die geeigneten Liturgen Israels im Jahwäh-Kult von Sichem:
Gemeint sind Leute vom Stab Lewi, von denen ein Teil auch als Pilgerführer in Beerscheba auftaucht. Es geht jetzt in Sichem um Jahwäh, den vom Berg in der Wüste. Von diesem Jahwäh hat eine Gruppe sonderlich Kenntnis: die Lewiten, die von Beerscheba aus in ständiger Berührung bleiben zum Berg in der Wüste. Deren vorrangiges Wissen um Jahwäh und den Jahwäh-Kult ist es, was sie geradezu brauchbar macht, in Sichem den Jahwäh-Kult jahwähgemäß zu organisieren. Die Lewiten sind die Liturgen und die Liturgie ist die Verkündigung von Gesetz und Recht Jahwähs vor versammelter Gemeinde Israel in Sichem.

Zusammenfassend gesagt: Innerhalb Israels läuft jetzt eine Tradition an, nämlich die Verkündigung von Gesetz und Recht des Gottes Jahwäh vom Berg in der Wüste, vom Sinai, in Sichem, vor versammelter Gemeinde, und vorhanden ist eine Traditionsträgergruppe: die verantwortlichen Wahrer dieser Tradition der Verkündigung von Gesetz und Recht in Sichem vor versammelter Gemeinde, die Lewiten. Nächst Verkündiger von Gesetz und Recht (Liturgie) sind sie auch die Katecheten und Homileten, die Lehrer und Prediger.

Die Israelitisierung und Jahweisierung vorhandener Orte und Kulte

Gleichzeitig neben der Entwicklung in Sichem gibt es noch einen anderen Vorgang: Die Israeliten beziehen die bodenständigen Kulte nach und nach ein in den Zusammenhang ihrer Heilsgeschichte und der Heilsgeschichtserzählung. Die Kanaanäer, auf die sie im Land treffen, sind genau genommen die Amoriter, in alten Texten Amurru genannt. Die sitzen in den Ebenen, in den Städten, sind Staatliche, haben andere Gott-Erfahrung, die des bá'al (Baal, Gott als personifizierte Naturkraft). Auch sie haben Heiligtumsorte, wo sie einen je spezifischen bá'al verehren. Im Maße wie die Israeliten die vorherrschende Bevölkerung im Land werden, gehen sie auch zu jedem dieser amoritischen Gott-Orte, die in ihrem Gebiet liegen, sind dort allmählich die Überzahl, und so wird auf die Dauer jede Stelle, wo die Amoriter einen bá'al haben, von den Israeliten majorisiert, und da sie ihre 'el-Gott-Erfahrung einbringen, dann auch jahweisiert.

1. Der Stierbild-Kult von Bet El

Das Stierbild hat die Form einer Standarte, d. h. man hat einen Pfahl mit einem Sockel und auf dem Sockel das Stierbild, stehend oder hingelagert, und über dem Stierbild ist andeutungsweise eine Verflachung, d. h. dieser Stier ist der Sitz, der Ort, das, woran jetzt ein lokales báʿal-Wesen da ist. Eine Standarte ist es deswegen, weil man die Figur aus der Halterung nehmen und bei Prozessionen voraustragen kann. Das zum Äußeren des Stierbilds.

- Der ursprüngliche Kult in Bet El
Die Heiligtumslegende:
Da sagt man: Es war einmal eine Not, nämlich eine Hungersnot. In der Hungersnot haben die Leute "die goldenen Weihringe genommen, die in den Ohren der Frauen, Söhne und Töchter waren" und haben daraus ein Stierbild gegossen zur Ehre báʿals. (Die Stellen, die im Hintergrund stehen: Ex 32,1-6, die Geschichte vom sog. Goldenen Kalb; ferner Gen 28,16-22 und Gen 35,1-8.) Dann haben sie Gelübde gelobt, sie würden dem báʿal einen Altar bauen, Opfer darbringen und ihm alle Ernte verzehnten, wenn báʿal ihnen gäbe Brot zum Essen und Gewand zum Kleiden. "Brot zum Essen und Gewand zum Kleiden" ist eine stereotype Formel; sie kommt verräterisch immer wieder! Sodann haben sie das Stierbild für báʿal in einer ritualen Prozession durch die Fluren getragen unter Gebetsrufen und Wechselgesängen. báʿal hat ihnen darauf geantwortet - "antworten" heißt, er entsprach ihren Gebetsrufen, er gab ihnen Ernte der Formel entsprechend: Brot zum Essen und Gewand zum Kleiden. Dafür erfüllte man die Gelübde für báʿal: Man pflanzte neben dem Altar (später dem Brandopferalter im Tempel zu Jerusalem) das Stierbild auf am Ende der Prozession. Dann schlachtete man die Opfertiere und feierte ein ḥag. Das ist ein Fest im Sinn von Essen, Trinken, Singen, Tanzen, Fröhlichsein. Dabei ißt man das Opferfleisch. Das Ganze nennt man Friedmahl, šǽlⲼm. So viel zur Legenda.
Die Fest-Agenda (das Ritual) als das regelmäßig jährlich bei der Ernte zu vollziehende Begängnis:
Man rüstete jedesmal den Altar neu samt dem Stierbild (siehe Kreuzenthüllung am Karfreitag). Dann trug ein Liturge die Legenda vor. Man machte wieder und wieder die Flur-Prozession mit den üblichen Wechselgesängen und Gebetsrufen. Darin pries man den báʿal als den Geber von "Brot zum Essen und Gewand zum Kleiden". Ehe die Israeliten da waren, war das immer schon so gewesen.

- Die „Israelitisierung" und „Jahweisierung" des Stierbild-Kults von Bet El:
Auf diesen Vorgang wurde eingangs schon hingewiesen. Die Israeliten kommen nach Bet El, gehen auch an den Heiligtumsort des Stierbilds, machen da mit, sind fürs erste noch die Fremdlinge, dann schon bald die bekannten Fremdlinge, danach die Dazugehörigen, machen mit als auch im Lande Wohnende, werden mehr und mehr, treffen sich dort beim Stierbild. Dort kann man nicht verhindern, daß sie untereinander sich als Israel erkennen. Das Stierbild ist jetzt das, worin sie sich finden, ihre Identität, ihr Mehr, ihren Glanz, ihren Gott finden, d. h. es kommt zur Jahweisierung des Stierbilds und zur Israelitisierung der Kultgemeinde.
Das Vorhandene, das zunächst Fremde wird also von den Israeliten übernommen: der Stierbildkult mit Flurprozession, das báʿal-Bild. Das Bodenständige wird vollständig einbezogen. Das Entscheidende aber ist: Sie sind Israeliten, die ihre Kult-Versammlung bilden. Das heißt, man versteht sich als "Israel" und macht eine Flurprozession, macht das báʿal-Bild, baut einen Altar, schlachtet und spricht von "Brot zum Essen und Gewand zum Kleiden". Der Kult wird damit in nichts verkürzt. Die Wahrheit solchen Tuns und Sagens liegt in dem, was man dabei vollzieht. Man meint jetzt ʾēl, Gott, unsern Gott und nicht einen von ʾēl getrennten báʿal. Aber kann man von „unserm Gott" sprechen im Blick auf ein Stierbild, ein báʿal-Bild, einen Fruchtbarkeitsstier? Was absolut unvereinbar ist, kann man

auf keinen Fall übernehmen. Die Sprache verrät die Lösung: Das Stierbild wird umgedeutet. Es wird jetzt zu einem Stier, wie er nach Israels Auffassung zu Jahwäh paßt. Es gibt Wesenszüge Jahwähs, die sich mühelos am Stierbild dargestellt finden: Ein Stier hat Hörner, mit denen er gefährlich werden kann – das ist ein Wesenszug, der auch von Jahwäh bekannt ist. Er ist nach Israels Erfahrung der šēdhafte Pessach-Verderber und er ist der Kriegsmann. Das führt dazu, dass Israel im Blick auf das Stierbild nun nicht mehr vom Fruchtbarkeitsstier (šōr) spricht, sondern vom Wildstier (r^{e}'ēm); Buber hilft sich mit der Übersetzung „Wisent". Mit Wisent meint man nicht den Fruchtbarkeitsstier des Bauern, sondern den Wildstier, Kraft und Gewalt.

So haben die Israeliten von da an zwar den Kult wie gehabt, Flurprozessionen mit dem Stierbild als Standarte, aber sie meinen „unsern Jahwäh", sagen r^{e}'ēm und knüpfen an die Überlieferung von Jahwäh, dem Gefährlichen, an, der am Schilfmeer den Ägyptern šēd-haft (als šaddaj, s. S.11) gefährlich geworden war und der im Krieg mit den Kanaanäern (Gibeon Ajalon) erfahren worden war als einer, der gefährlich ist, Kraft und Stärke zeigt. Eine Umdeutung hat sich also vollzogen bei äußerlichem Beibehalten des Kults, wie er war. Der Stier ist zum Wildstier geworden. Nicht mehr die Fruchtbarkeit ist das, was am Stier vordringlich gilt, sondern seine Stößigkeit, seine Gefährlichkeit.

Mit r^{e}'ēm wird ein neues Verbum verknüpft: nāgáp, mit den Hörnern stoßen, davon das Substantiv næg□p, Stoß. Dieses Verbum wird ein Nennwort, ein Kennwort für Jahwähs Tun und bleibt es durch die Geschichte hindurch bis zu den Propheten: immer wieder dieses Wort nāgáp und næg□p: niederstoßen, hinstoßen. Jesaja geht bei einer seiner Predigten auf den Marktplatz und setzt sich ein Stiergehörn auf und unterstreicht so seine Predigt, wie Jahwäh Israel gleichsam niederstoßen wird. (Eine weitere Variante einer solchen Zeichenhandlung findet sich in Jes 20,1ff). So ernst ist dies hineingenommen in die Sprechweise von Jahwäh, daß der Prophet mit einem solchen Gestus nicht fürchten mußte, sich lächerlich zu machen vor seinen Israeliten, sondern daß sie im Gegenteil sehr wohl begriffen, was er damit darstellte. Es war die Stößigkeit, Gefährlichkeit, wie sie dem Kriegsmann und dem Wilden, dem šēd šaddaj, eigen ist.

Vor diesem Stierbild sagte man fortan den sog. Identifikationsspruch: Dies ist dein Gott, Israel, der dich aus Ägypten geführt hat (Ex 32,4 und 1 Kön 12,28 ff).

Dementsprechend lautet ein weiterer Spruch: Der Gott, der aus Ägypten es (Israel) führte, wie des Wisents Gehörn ist er ihm (Num 23,22 ff. und Num 24,8).

Das Wissen um Jahwäh heißt zunächst "Kriegsmann" und "Wilder". Angesichts des Stiers wird in neuer Sprechweise die alte Sache gesagt. Wurde beim "Wilden" das Wort nāgá' und næga' gebraucht, einen Streich spielen, dann heißt es jetzt nāgáp und næg□p, Stoß, Niederstoß.

- Die Einbringung des Stierbilds in das Heilsgeschichtsbegängnis bei Gilgal (s. S. 5)

Das Stierbild in Bet El ist transportabel, eine Standarte. Als solche wurde es bei der Flurprozession immer schon, so auch jetzt noch mitgetragen. Nun ist es aber nach der Jahweisierung auch ein Bild für den Kriegsmann geworden. Es lag daher nahe, es nicht nur bei der Flurprozession mitzutragen, sondern auch zu dem Kriegsbegängnis für Jahwäh in Gilgal mitzunehmen. So ergab sich für das Begängnis der Heilsgeschichte folgende Ordnung: die Lade (s. S. 11) inmitten des Lagers und des Heerzugs und vorne an als Standarte das Stierbild. Im Blick darauf entstanden nun die sog. Ladesprüche bzw. Stierbildsprüche. Dem Ganzen nach, was darin zum Ausdruck kommt, wird vermutet, sie gälten dem bei der Lade befindlichen Stierbild. Einer der Sprüche lautet: Steh auf, DU, daß zerstieben deine Feinde, daß entfliehen deine Hasser vor deinem Antlitz. Dieser Spruch (Num 10,35; vgl. Ps 12,6; Ps 68,2) wäre also der Kultspruch, gesprochen zum Stierbild hin, wenn die Prozession weitergeht. Diesem Spruch entspricht noch ein zweiter (Num 10,36):

„Kehr ein DU, in die Menge der Tausende Israels". Dieser Spruch wäre dann der Kultspruch, gesprochen zum Stierbild, wenn die Prozession bzw. der Heerzug Station macht.

- Die Entstehung der Ätiologie des Stierbilds in Israel
Man möchte nun in Gilgal oder Bet El begründen, woher das jahweisierte Stierbild kommt. Man erzählt jetzt diese Herkunftsgeschichte, die aber anders erzählt wird als die vorausgehende: Sie ist jetzt die Herkunftsgeschichte eines Jahwäh-Bildes. Von einem Stierbild, das ein Jahwäh-Bild ist, gilt: Es kommt vom Sinai! So kommt diese Ätiologie zustande: Das Stierbild ist "von Jahwäh her", d. h. vom Sinai her das, was es ist: ein Jahwäh-Bild. Es war am Sinai gemacht worden. Als das Stierbild am Sinai gemacht wurde, geschah das so, wie es die ursprüngliche Heiligtumslegenda von Bet El zu sagen wußte: „... sie nahmen die Weihringe aus den Ohren der Frauen, der Söhne und Töchter ..." (vgl. Ex 32,3). Dabei verwies man auf das Stierbild durch Ausrufen des Identifikationsspruchs: "Dies ist dein Gott, Israel, der dich aus Ägypten geführt hat" (Ex 32,4). Das ist der eigentliche Kultspruch beim israelitisierten, jahweisierten Stierbild, ein stetiger Spruch. Dann veranstaltete man so wie beim ursprünglichen Kult in Bet El (s. S. 9) ein Fest, ein ḥag, mit Schlachten und Essen und Trinken und Singen und Tanzen (vgl. Ex 32,5.6).
Die zunächst positiv verlaufende Betrachtungsweise des Stierbildes und des Kultes vom Stierbild erfährt nach der Teilung Israels unter Jarobam I. (Jerobeam, 931-910) eine Negativentwicklung, die vom Südreich ausgeht. Im Norden wird das Stierbild samt dem Kult verwendet, die religiöse Bindung der Nordbevölkerung an den Kult in Jerusalem zu verhindern, und damit ist eine Rivalität zur Lade gegeben. Das hat zur Folge, dass im Südreich die heutige Erzählung in Ex 32 fortan als eine Sündenabfallgeschichte (s. 1 Kön 12,28 ff.) weitertradiert wird und das Stierbild aus dem Tempel in Jerusalem verschwindet.

2. Der Kult der Lade in Schilo und seine Einbeziehung in den Zusammenhang der Heilsgeschichte

- Die Lade als kanaanäisches Heiligtum in Schilo
Schilo, etwas südlich gelegen von Sichem, ist heute ein Tell, ein Ruinenhügel. Schilo ist in der Geschichte Israels einer der bedeutsamen Zentralorte gewesen. Es gab dort einen bodenständigen, ortsgebundenen, typisch für Schilo maßgeblichen Kult, einen reinen báʿal-Kult, und es gab dort ein kanaanäisches Heiligtum, die Lade (ʾᵃrōn). Rein äußerlich ist die Lade ein primitiver Kasten von ungefähr 1,50 m Länge, 80 cm Höhe und 60 cm Breite, ohne Deckel und leer. Die Lade steht in Schilo in einem Tempelhaus. Zuständig für das Heiligtum in Schilo ist die ortsansässige Priesterschaft. So sei davon ausgegangen, daß das Lade-Heiligtum samt dem zugehörigen Kult in kanaanäischer Zeit eine Besonderheit der Stadt Schilo war.

- Der Lade-Kult von Schilo
Das ist zunächst ein kanaanäischer, ein šēd-Kult. Ein Kasten („Lade") wird auf einen leeren Wagen gestellt. Zwei junge Rinder, die noch nie einen Wagen gezogen hatten, werden davor gespannt. Wenn sie losgelassen werden, rennen sie los wie von einem šēd besessen, bis sie irgendwo auf einem anderen Gebiet steckenbleiben. Ein šēd-Wesen reagiert immer verrückt und schadet.
Es scheint sich um Folgendes zu handeln: ein Ritual, ein Kult, in dem sie systematisch versuchen, das, was sie als šēd-šaddaj-Erfahrung kennen, diese Erfahrung von Verrücktem, überzuführen ins ordentlich báʿalische. Der Kasten wird vom Wagen genommen und zur Tenne gebracht, der Wagen wird zu Brennholz gemacht, die Kühe geschlachtet und als „Darhöhung", so die Buber'sche Übersetzung von ʿōlāh, anstatt wie meist übersetzt, "Brandopfer" oder "Ganzopfer", mit dem Holz des Wagens auf dem Altar vor der Lade verbrannt.

Es handelt sich also um ein bá'al-Opfer. Aus dem vorsätzlich heraufbeschworenen šēd-haften Wirbel wird ein ordentlicher bá'al-Vorgang, wie er für die Landwirtschaft wichtig ist. Diese sogenannte Ladewanderung findet alle 7 Jahre statt am Weizenerntefest. Während der Ernte steht die Lade auf der Tenne. Danach wird sie ins Haus des Mannes gebracht, auf dessen Gebiet der Wagen stehengeblieben war. Der älteste Sohn dieses Mannes wird auf 7 Jahre zum Priester ernannt. Jedes Jahr wird die Lade im Prozessionsritus wieder zur Tenne (zum Platz der jeweiligen Ernte: Weizen, Öl, Wein) gebracht, der Priester bringt die Opfer dar.

Am Kultort kommt es auch hier wieder zur Majorisierung der Amoriter durch die Israel-Bevölkerung, ein Vorgang, der bereits bekannt ist von Bet El her (s. S. 9). Es setzt die Israelitisierung und Jahweisierung der Lade ein. Die Lade wird zum Mitte-Ding, wird vom bá'al-Ding zum Jahwäh-Ding. Sie ist jetzt die Lade des Jahwäh vom Berg in der Wüste. Die Lade ist transportabel wie das Stierbild, beide können in Prozession mitgenommen werden. Bei der Prozession wird das Stierbild vorausgetragen, die Lade befindet sich in der Mitte. Der Stierbildkult stellt das šēdhafte in Jahwäh dar zur Abwehr der Feinde. In der Lade ist ihnen Jahwäh als Mitte gegenwärtig.

Historisch gilt: Der letzte noch bekannte Mann aus Schilo, dem der Kult der Lade von seinem Vater Aharon übertragen worden war, hieß Itamar. Er war der erste israelitisierte Amoriter, der den Kult das erste Mal in jahweisierter Form feierte. Erzählerisch gilt: Aharon war der Erzpriester der Lade, Itamar war sein ältester Sohn. Seither sind alle Priester Nachkommen Aharons. Sie waren immer bei der Lade, in Schilo zum Opfern, mit der Lade unterwegs als Kriegsmänner. In Schilo galt die Lade als „Lade auf der Tenne", unterwegs als Kriegslade. Irgendwann beschloß man, die Lade auf der Tenne stehen zu lassen und baute ein festes Zelt, später ein Haus.

Zum regelmäßigen ordentlichen Dienst vor der Lade gehörte Folgendes: Vor der Lade werden Öllampen angezündet jeden Abend. Öl ist Sache der Fruchtbarkeit. Das ist ein bá'al-Tun vor dem bá'al-Wesen. Außer der Öllampe gehört zur Lade ein übergroßes Rauchfaß. Darauf hat man Harze verbrannt, dabei entstand Schmelzofensrauch. Dazu gehörte auch die genannte Öllampe mit Feuerflamme. Drittens gehörte dazu ein Horn mit Hörnerschall, Hornblasen. Die Nacht wird von einem Kultdiener vor der Lade verbracht, aber nicht wachend. Er geht zur Lade und schläft dort. Seine Gedanken gehen auf diesen Dienst, gehen auf den bá'al, gehen auf das Wesen da. Das Schlafen vor der Lade ist ein zur Lade gehöriges Ritual. Das Löschen der Öllampen am Morgen mit Herrichten für den Abend und das Reinigen und Nachfüllen am Morgen sind normaler Dienst (vgl. 1 Sam 2).

Das hat also zu tun von jetzt an nicht mit šēd, sondern mit bá'al, d. h. mit Naturverlauf, mit Ernte, Weizenernte und Tenne, Ölernte und Ölpresse, Weinernte und Kelter. In diesen Zusammenhang gehört jetzt die Lade. Die für den Kult in Schilo verantwortliche Traditionsträgergruppe ist die Priesterschaft von Schilo.

- Die Jahweisierung und Israelitisierung des Kultes der Lade in Schilo und ihre Folgen
Jetzt kann Israel den alten klassischen bá'al-Kult in Schilo nicht mehr mitmachen. Der Gott der Lade war kein anderer als „unser" Gott, als Israels Gott, den sie Jahwäh nannten. Vom Gott der Lade aber gilt, daß er Sitz hat auf der Lade. Also: Jahwäh, Gott Israels, hat Sitz durch die Lade, an der Lade, bei der Lade. Die Redeweise ist genauso, wie wenn es der Berg wäre, wie wenn es der Baum von Sichem wäre: der Baum von Sichem, das Ding, woran, wodurch der Gott da ist, so der Berg Sinai, so jetzt die Lade.

Im Hinblick darauf, daß Israel bei seinem amphiktyonischen Begängnis in Sichem im Sinn der Sichem-Sinai-Tradition Jahwäh nach wie vor kannte als den Gott vom Sinai mit Sitz am Sinai, da war nun die Lade gleichsam beim Weggehen vom Sinai wie so ein Ersatz-Sinai: Jahwäh ist kein reiner Ortsgott mehr, er ist auch der mitgehende Gott. Die Lade erscheint wie ein Ersatz-Sinai, gemäß Jahwäh, im Sinn Jahwähs für Israel angefertigt am Berg in der Wüste.

Als Israel einwanderte, ging es auch zu diesem Gottort Schilo und es geschieht wie an anderen Orten, z. B. Bet El, auch die Israelitisierung und Jahweisierung des Kultes samt der Lade.

Eine der Folgen der Jahweisierung ist, daß das Erntefest in Schilo (1 Sam 1) allen Israeliten zugänglich ist und dass dafür die Priester, die Opferer, in Schilo verantwortlich sind.

Eine andere Folge ist, daß man von jetzt an spricht von Jahwäh, dem Gott Israels mit Sitz auf der Lade.

Eine weitere Folge ist der Vorrang der Ladepriesterschaft von Schilo vor der Kultdienerschaft der Amphiktyonie in Sichem, also den Lewiten, in puncto Opfer. Die Opfer waren nun die vor Jahwäh vollzogenen Opfer Israels, dargebracht durch die Ladepriesterschaft von Schilo im Namen des Stammes Israel. Diese Opfer sind mit der Gottesvorstellung, mit Jahwäh vereinbar (siehe dazu S. 32). Die hochbewährten eingeführten Lewiten müssen also jetzt sehen, wie neben ihnen Israel zu einem Herbstfest geht und sie, die Lewiten, haben dort nichts zu sagen.

Aus diesen Folgerungen ergeben sich Veränderungen: Die Ladepriesterschaft von Schilo rückt auf in den Rang einer Jahwäh-Israel-Priesterschaft. Der Opferkult Israels für Jahwäh obliegt der Priesterschaft und hat stattzuhaben ausschließlich in Schilo (1 Sam 2,28). Durch das Ende des Brauchs der Ladewanderung und ihre Unterbringung im Tempelhaus von Schilo bekommt die Lade einen festen Ort.

Zusatz: Als die Lade in Schilo steht, führt Israel Kriege. Durch ihre Rolle und ihren Rang beim Pessach in Gilgal wird die Lade in Schilo israelwichtig. Es kommt der Gedanke auf, Israel kann nicht in den Krieg ziehen und die Lade in Schilo stehenlassen (1 Sam 4,3.4). Sie nehmen die Lade mit in den Krieg gegen die Philister. Die Lade geht verloren, die Philister erbeuten sie. Letztlich aber besiegt David die Philister und holt als zu Jahwäh bekehrter König die Lade ein nach Jerusalem und zwar nicht als Kriegstrophäe, sondern als Jahwäh-Ding. Jetzt entsteht dort eine Neuauflage der Ladegeschichte.

- Die kultische Verknüpfung des Ladeheiligtums von Schilo mit dem Heilsgeschichts-begängnis in Gilgal.

Im Hinblick darauf, daß Israel bei seinem amphiktyonischen Begängnis in Sichem im Sinn der Sichem-Sinai-Tradition Jahwäh nach wie vor kannte als den Gott vom Sinai mit Sitz am Sinai, war nun die Lade gleichsam beim Weggehen vom Sinai wie ein Ersatz-Sinai: Jahwäh ist kein reiner Ortsgott mehr, er ist auch der mitgehende Gott. Die Lade erscheint wie ein Ersatz-Sinai, gemäß Jahwäh, im Sinn Jahwähs für Israel angefertigt am Berg in der Wüste. Die Sage wird reif zu erzählen, wo und wann die Lade gemacht worden ist. Es entsteht eine Ätiologie für die Lade Jahwähs.

Das neue Jahwäh-Bekenntnis, wonach Jahwäh Sitz hat auf der Lade, berührt nun ganz unmittelbar die großen Begängnisse Israels in Gilgal und Sichem.

Im Blick darauf, daß die Lade, auf der Jahwäh Sitz hat, beweglich ist analog zum Stierbild und daß die Söhne Israels bei ihrem Heilsgeschichtsbegängnis in Gilgal ihren Gott Jahwäh als beweglichen verstanden, lag es nahe, die Lade als das Heiligtum zu verstehen, auf dem sitzend Jahwäh die Söhne Israels auf ihrem Weg durch die Wüste ins Land Kanaan geleitet hatte.

Im Verhältnis zu der in Gilgal alljährlich begangenen Heilsgeschichte erschien nun die Aufstellung der Lade Jahwähs in Schilo, neben dem Geschehen in Sichem, als der die Heilsgeschichte abschließende letzte Akt ebendieser Heilsgeschichte. Vgl. Jos 18,1: "Alle Gemeinschaft der 'Söhne Israels', sie versammelten sich nach Schilo und ließen dort einwohnen das Zelt der Begegnung, da das Land von ihnen unterworfen war."

Daraus ergab sich zweierlei:

Die Lade wird nun das Mitteding im Lager von Gilgal. Die Priester sind es, die im unmittelbaren Dienst der Lade dabei sind. Damit rücken sie nun nicht nur in Schilo, wenn die Israeliten kommen, sondern auch beim großen Heilsgeschichtsfest des ganzen Volkes sichtlich in die Mitte. Die Bedeutung der Priesterschaft weitet sich, vertieft sich.
Indem man so tat, war eine neue Wanderung der Lade, nämlich von Schittim über den Jordan nach Gilgal, um Jericho herum und von Jericho wieder zurück nach Gilgal, eine Lade-Prozession völlig neuer Art entstanden. Jetzt kann das Volk der Lade vorausziehen und ihr folgen. Jetzt entstehen diese Sprüche, die früher Stierbildsprüche waren und dann auch "Ladesprüche" genannt waren (Num 10,34-35): "Steh auf, DU, daß zerstieben deine Feinde, daß entfliehen deine Hasser vor deinem Antlitz." Und wenn Jahwäh (die Lade) haltmachte, heißt es: "Kehr ein, DU, in die Menge der Tausendschaften Israels." (Siehe auch S. 10)
Im Zusammenhang mit dieser Ladewanderung beim Gilgal-Fest ist die Lade jetzt nicht die Fruchtbarkeitslade in Schilo, wo Öllampe und Räuchern und Hornblasen zum Erntefest wäre. In Gilgal ist sie die Kriegslade, die politische Lade des Jahwäh, des Jahwäh der Scharen. Es scheint, daß all diese Elemente bei der Lade, also Rauch, Feuer und Schall, in eigentümlicher Weise kriegshaft gebraucht werden: Bei der Lade werden Fackeln mitgetragen mit Flammen (Feuer, Fackelgeleucht), wird der Räucherofen mitgetragen mit der Rauchwolke und zwar normalerweise voraus; wenn es aber sein sollte, wenn der Feind von hinten kommt, kann der Räucherofen mühelos auch hinten mitgetragen werden. Und das Dritte: Aus dem Horn wird das für den Krieg maßgebliche Ding, die Posaune: der Schall der Posaune. Es entsteht also eine Dreierreihe von Instrumenten: Räucherofen – Feuerfackel – Posaune, und damit verbunden eine Dreierreihe von Elementen: Rauchwolke – Feuer – Schall. Es sei darauf aufmerksam gemacht: noch nicht Wolke, Blitz und Donner! Aber diese zwei Dreierreihen sind jetzt immer zur Lade dazu zu denken. (Also kein Vulkanismus am Sinai.)
Die Errichtung eines Zelts für die Lade: Bei dem Begängnis von Gilgal konnte man den Tempel von Schilo nicht mittransportieren. Es wird für die Lade ein Zelt gebaut beim Begängnis. Es handelt sich um ein kostbares Zelt, das genannt wird "Zelt der Begegnung", "Bundeszelt", auch "Stiftshütte". (Daß man von der Lade später sagt, ihr Sinn sei gewesen, der Behälter der Gesetzestafeln vom Sinai zu sein, ist eine sekundäre Deutung.)

Die Stammwerdung Israels mit Stammeskönigtum

Dem Selbstverständnis nach wird Israel jetzt ein gōj (Stamm). Das erweist sich dadurch, dass Samuel durch die Situation im Philisterkrieg praktisch gezwungen wird, die Königsrolle zu übernehmen, obwohl er nicht zum König gemacht wird und auch nicht als solcher bezeichnet wird. Bis jetzt bestand Israel hauptsächlich aus Kleingruppen. Aber dann kommt es je nach wirtschaftlicher Möglichkeit zum Zusammenrücken. Dann werden aus Familien Sippen mit Häuptlingen, Ältesten, und aus Sippen werden, wenn es die Wirtschaft erlaubt, Stäbe mit je einem Ältesten. Bei weiterer Entwicklung kann es dazu kommen, daß auch Stäbe noch einmal zusammenrücken: Die Wirtschaft, die Technik erlaubt es, ja, man muss miteinander entscheiden. So wird aus Stäben ein Stamm, gōj. Der Häuptling eines Stammes heißt nicht mehr Vater, auch nicht Ältester nur. Das gilt als festes Datum: Den Häuptling eines Stammes nennt man mælæk, König. Um die akute politische Situation in der Auseinandersetzung mit den Philistern zu bewältigen, erfolgt der Zusammenschluß zu einem politischen Stamm mit einem Anführer als König.

Ein Selbstbewußtsein als politischer Stamm drängt sich ihnen inmitten der Philisterkriege auf, aber einen König wissen sie nicht zu nennen. Diese Stelle ist noch unbesetzt. Jetzt reden sie als König unmittelbar nur von Jahwäh. Damit sind sie im Umkreis ein monströser gōj, denn das gibt es nicht, dass da ein gōj ist, der seinen Gott als König bezeichnet. So ist bezeugt aus dem Munde der umwohnenden Moabiter, die jährlich zu Zeugen werden des Pessach-Festes der Israeliten in Gilgal: „Ja ich sehe es vom Haupt der Felsen, ich erspähe es von den Hügeln: Da, ein Volk, einsam wohnt es, unter die gōjīm rechnet es sich nicht" (Num 23,9.10). „Nicht gewahrt man in Jaakob Arg, nicht sieht man in Israel Harm, seine Gottheit, ER, ist bei ihm, Jubelschmettern dem König in ihm" (Num 23,21).

Nach anfänglichem Zögern gibt Samuel dem Willen des Volkes nach einem König nach und schreibt das Königsgesetz. Saul wird als König gefunden. Danach versammelt sich das Volk in Gilgal und ruft dort vor Jahwäh Saul zum König aus (1 Sam 11). Jahwäh ist es, der ihn ausgesucht hat, Jahwäh ist es, der ihn erweist. Gilgal ist von jetzt an der Ort der Königsausrufung. Es wird damit zum Zentralort für das politische Israel und auch zum Versammlungsort des Heerbannes („Lager", maḥᵃnæh). Die Wahl ist ein politischer Akt zur Bewältigung der Philisternot, dazu ist der Stammeskönig Saul bestellt. Das Begängnis von Gilgal wird zum Hauptbegängnis des gōj Israel, bei dem das politische Israel seine politische Geschichte, also seine Heilsgeschichte feiert. Dazu kommt es weiterhin, aber auch, um aus akutem Anlaß als gōj sich zu treffen, um als Volksversammlung sich gemeinsam zu beraten, wie man eine Not bewältigt.

II Der Aufstieg Israels

Das Stammeskönigtum war dem Andrang der Philister nicht gewachsen. So kommt es am Gebirge Gilboa zur endgültigen Niederlage Israels. Jonathan fällt, der Heerbann zerbricht. Abner, der General des Saul, flüchtet nach Ostjordanien, Saul stürzt sich in sein Schwert. Israel ist völlig zerschlagen, das Stammeskönigtum am Ende.

Der Aufstieg Davids

Die Vorgeschichte des David
David ist der jüngste Sohn des Isai aus Betlehem in Jehuda. Der junge David wird zum Waffenträger des Saul, gewinnt die Freundschaft des Saulsohns Jonathan und erregt den Neid des Saul. David verläßt den Königshof Sauls, wird zum Anführer einer Freischar in Jehuda und dann zum Söldnerführer im Dienst der Philister. Das ist der Bruch Davids mit Saul zuerst, mit Israel dann, ja sogar mit dem Gott Israels, mit Jahwäh. Im weiteren Verlauf wird David Lehensmann des Achis, des Königs der Philister, mit Sitz in Ziklag. Jetzt ist David im vollen Sinn des Wortes Vasall des Achis. Der übergibt ihm ein Gebiet im Süden als Lehen mit Sitz in Ziklag. Er soll also im Namen der Philister kriegerisch gegen Juda vorgehen. Mitten im Bankrott des Stammeskönigtums verfolgt David von jetzt an seine eigenen Ziele.

1. Die Schaffung des davidischen Großreichs und Weltreichs

- Die Schaffung einer Hausmacht durch David
Die politischen Verhältnisse ermöglichen die weitere Karriere Davids. Die Männer von Juda bleiben trotz der totalen Niederlage Israels bei David, dem Vasall der Philister. Sie machen ihn zum König über Juda in Hebron. Die Männer von Juda sind wie David abgefallen von Israel und von Jahwäh. In den Augen der Israel-Stäbe im Norden, die die Philister als Besatzer im Land haben, wird David in Hebron „der Mann", 'îš, der Mann ihrer Hoffnung. ('îš, Mann, ist ein terminus technicus.)

- Davids unverhohlener Treubruch gegenüber dem Philisterkönig Achis
David kennt nur sich und seinen Erfolg: ein Typ, wie ihn Machiavelli beschrieben haben könnte. Die Bibel nennt einen solchen Staatsmann 'ādām: Das ist kein Eigenname, sondern ein Titel, ein Kollektivbegriff für das Staatsmenschtum.
Der Bitte einer Abordnung aus dem Norden, auch über sie König zu sein, entspricht David ohne Zögern, hält aber die beiden Königtume Nord und Süd getrennt voneinander. Das ist ein Treubruch gegenüber Achis. Auch die Israel-Stäbe im Norden haben damit den Gedanken an Gesamt-Israel aufgegeben. Das Vertrauen auf Jahwäh ist verschwunden.
Es kommt zum Krieg mit den Philistern, zur Schlacht bei Jerusalem in der Ebene Rephaim (2 Sam 5,17-25). David schlägt sie, und sie ziehen sich zurück in ihr Land. Damit ist das Philister-Problem endgültig gelöst durch David. Er hat die Macht in Kanaan, dem Machtanspruchsbereich der Philister, an sich gerissen, d. h. den Bereich vom Bach Ägyptens bis zum großen Strom, von der Wüste bis zum Meer (Num 34,2-12). So gelingt es ihm, die Kanaanäerstadtstaaten unter seine Botmäßigkeit zu bringen. In einem Gewaltakt setzt David alle Stadtstaatenkönige, d. h. die vom Volk getragenen Größen, ab und setzt stattdessen Gouverneure ein.

Im nächsten Schritt erobert David den Stadtstaat J e r u s a l e m , übernimmt in Jerusalem das Königtum und macht aus Jerusalem seine Stadt: "Davidsstadt". Jetzt ist der Aufsteiger David der 'ādām von Jerusalem, der Großorganisator von Jerusalem mit Königstitel.

- David als Herr über Kanaan

David faßt die Kanaanäerstadtstaaten mit ihrem Hinterland zu Verwaltungseinheiten zusammen und vereinigt sie mit dem Gebiet seiner Königtümer Juda und Nord-Israel. Damit hat sein Herrschaftsgebiet eine gemeinsame Zentrale Jerusalem und zwar mit Weltbedeutung. Als nächste Großaktion holt David die von den Philistern erbeutete Lade Jahwähs, des Jahwäh der Scharen, nach Jerusalem in die „Davidsstadt".
Ergänzend zu den Bemerkungen zur Lade im Kapitel Schilo (siehe Seite 11ff.) sei erwähnt: Die Israeliten bringen dieses Kriegs-Jahwäh-Ding in die Schlacht gegen die Philister bei Eben-Haezer (Stein der Hilfe), dort geht sie verloren und ist von da an eine Beute der Philister. Diese behalten sie nicht in der Hauptstadt, sie „wandert" vielmehr im Verlauf der Jahre von Stadt zu Stadt, steht inzwischen in der Kanaanäerstadt Bet Schamesch und wird von dort nach Kirjat Jearim gebracht. Jetzt aber ist David, der Philister-Vasall, der Usurpator der Macht im Bereich der Philister. Als solcher verfügt er, in welcher Stadt die Lade zu stehen kommt. Alle wissen, das ist die Lade Jahwähs, des Jahwäh der Scharen. Aber ihr Umgang mit der Lade ist nicht der eines Israeliten, auch der Davids nicht. Er geht mit ihr um wie ein Sieger im Kampf gegen Israel, wie mit einer Siegestrophäe. Er holt jetzt die Lade und bringt sie als hochgeschätztes Beutestück in seine Stadt, die Davidsstadt Jerusalem, als nächsten Ort, d. h. er tut das als Vollstrecker des Sieges der Philister über Israel. Im heutigen Bericht 2 Sam 6,12-19 holt der David als gläubiger Israelit die Lade herein; das ist die spätere Sicht, siehe Kult Erste Festwoche, vierter Tag (S. 42).
Der Ritus, mit dem er die Lade einholt, verrät, daß er noch der David vor der Kehre ist. Der Ritus, den er anwendet, ist völlig neu und unbekannt in Israel, es ist der Struktur nach ein bá'al-Ritus, d. h. David tanzte, mit einem Lendenschurz bekleidet nur, vor der Lade. Das sind die Fruchtbarkeitstänze der Kanaanäer. Ihre Instrumente sind Zypressenholzblaszeug, Pauken und Schellen und Zimbeln; das ist nicht das, was Israel hat! Im Verlauf des Tanzes wird geopfert: Im Abstand von jeweils 6 m wird geschlachtet, dann zieht man jedesmal wieder 6 m weiter vor. Ein äußerst umständliches bá'al-Ritual, das man aus bá'al-Riten kennt. Die Identität Israels als Gruppe ist durch diese Rituale drauf und dran, liquidiert zu werden.

David macht sich zum Ober-Herrn über den „Kreis der Stämme" und begründet damit auf dem Boden Kanaans, in den Grenzen Kanaans das davidische Großreich:
David unterwirft sich den Kreis der Stämme. Er vollstreckt damit den Plan der Philister. Die Königtume, die es bereits auf Kanaans Boden gibt, Amalek, Edom, Moab, Ammon und Aram, macht er untertänig. Er macht die Könige der einzelnen Stämme zu dienstpflichtigen Vasallen.
Er strebt nach dem Königtum über Könige, d. h. dem Großkönigtum. Das Verhältnis zu den Königen ordnet er in einem Bündnissystem. Die Stämme lässt er als Gruppen bestehen. Nur den König von Ammon setzt er ab und setzt sich selber als König ein. Damit ist er in Personalunion sein eigener Oberherr: König über den König von Ammon. Das Wort "Großreich" im Zusammenhang mit Staaten meint nicht Ausdehnung, sondern Rang. Ein Großreich ist ein Reich über Reiche, ein Großkönig ist ein König über Könige. Mit dem Wort groß ist ein Herrschaftsverhältnis beschrieben.
David strebt das Großkönigtum mit aller damit verbundenen Macht an und benutzt dazu das Bündnissystem, das von den Staaten des Alten Orient bis zum Exzeß als Machtmittel erprobt ist. Er bedient sich dessen, um sein Reich über die Stämme zu errichten, wie die Assyrer, die Babylonier, die Ägypter, die Hethiter sich seit Jahrtausenden dessen bedient haben.

Dokumente dieses Bündnissystems, des Bundesschemas, des Bundesformulars (siehe S. 22) sind massenhaft gefunden worden in Ugarit.

- Die Ausweitung des davidischen Großreichs zum Weltreich, zum „Ewigen Reich".
David, der bis jetzt ein Großreich hatte in den Grenzen Kanaans, weitet dieses Großreich aus zum Weltreich. Weil er sich hält an die Natur, weil er dieser 'ādām-Typ ist, führt ihn die Natur, führt ihn bá'al, und sie führt ihn weiter bis an den Rand der Erde, bis dorthin, wo der lebensfeindliche Bereich beginnt. So hat das Weltreich prinzipiell den Feind.
Davids Ziel ist die Herrschaft über das Weltreich. Ägypten, die Großreiche Babel/Assur liegen zur Zeit Davids politisch darnieder, die Hethiter sind keine Konkurrenten mehr. Per Idee greift er bis an den Rand der Erde. Wie ein altorientalischer Herrscher läßt er sich von der Natur verlocken, die ihm noch mehr Gewinn verspricht, noch mehr Güter, noch mehr Erfolg, noch mehr Macht.
Der wunde Punkt solchen Konzepts: Bruchlos führt die Natur jeden Herrscher in den Tod. Für verantwortlich dafür hält er die Anti-Natur, den „Feind", dem auch der bá'al erliegt. Aber der bá'al, die Natur kommt wieder, jedes Frühjahr, jeden Morgen. Also wähnt auch er wiederzukommen, jedes Frühjahr, jeden Morgen zu einem neuen Leben: Wiederkehr.

2. Die sprachliche Erfassung der Gegebenheiten des Davidischen Großreichs und Weltreichs

a) Anthropologisch-politisch
- Im Blick auf David: David ist nun der 'ādām Jerusalems, ihm obliegt die Verwaltung der Stadt. Er ist (ausgeweitet) der 'ādām Kanaans und – noch einmal ausgeweitet - der 'ādām der Erde bis an den Rand der Erde. Ihm obliegt es, das Unternehmen Staat, wie altorientalische 'ādāme es als das Heilsunternehmen gegen den Tod bis dahin entwickelt hatten, mit Hilfe der Natur zu ergreifen (haśkīl) zur Befreiung der Menschen. In diesem Sinn hat David an die Arbeit zu gehen als homo scientificus, als homo technicus, als homo industrialis, als homo oeconomicus, als homo politicus, David ist "'ādām".
- Im Blick auf Kanaan: Das Land, das Territorium rückt in die Aufmerksamkeit. Kanaan war nun für David nicht mehr Heimat nur, sondern die 'adāmāh, der fruchtbare, zu bewirtschaftende Boden. Die 'adāmāh ist „gut", gibt Güter. Kanaan ist der śādæh, das offene Feld, ist das Einflußgebiet, das Beiwort dazu ist „weit". Kanaan ist die 'āræṣ, die Erde, der Staat, das Kulturland, das zu richtende Land, das Güter hervorbringt. Das Beiwort heißt „ganz, all", Himmel und Erde gehören dazu.
Grenzen gibt es prinzipiell nicht. Dort, wo es sie gibt, weil eine Gegenkraft da ist, sagen sie: Das ist der Feind, der muss besiegt werden und die Grenzen müssen vorgeschoben werden bis an die Ränder der Erde, den zu schaffenden Garten.
- Im Blick auf Jerusalem: Jerusalem war nun für David die Stadt, der Ordnungsbereich, wo die Schöpfung gerichtet ist, der Garten. Nach außen braucht die Stadt als Wehr gegen den Feind eine Mauer, eine Burg und einen Turm.
- Im Blick auf den Zion: "Zion", Ṣijjōn, ist der Name der Felsaufgipfelung Jerusalems. Die Bezeichnung ist gewandert zum immer höchsten Punkt der Stadt.
David startet mit der Natur, er kämpft gegen die Flut. Also muß er herabfahren, kämpfen, siegen, aufsteigen (Aufsteiger) und dann sitzen (thronen) und richten. Der Zion ragt in den Himmel, er wird für David zum Sitz im Himmel. Der David hat das Königtum des Himmels.

b) Theologisch – mythisch
- Im Blick auf den Zion: Der Zion war nun für David
der Berg des báʿal, wo das Wettergeschehen seinen Ort hat, wo Himmel und Erde sich
vermählen, wo die Fruchtbarkeit ihren Ursprung nimmt. Der Zion war „der Berg im
Norden" (Jes 14,13), das Haupt der Erde, des Erdbergs, die Stelle, wo der Himmel die Erde
berührt. Himmel zählt geographisch zum Welt-Reich. Gemeint ist das Wettergeschehen.
Kein Welt-Reich ohne Mitspielen der Natur in dieser Konkretion! Der Zion ist die Stelle,
wo der báʿal (männlich) der ʾªdāmāh, dem Boden (weiblich), sich vermählt, Vermählung
zur Fruchtbarkeit, die Stelle, von der aus Regen, d. h. der Same báʿals (männlich), allen
Boden, alle ʾªdāmāh (Schoß der Erde, weiblich), fruchtbar macht, und schließlich die
Stelle, von der aus die Erde zum Garten (gan) wird.
Der Berg "des" ʾēl (hāʾēl), der Berg der Hoheit, der Größe, der Schönheit, des Glanzes,
materialiter ist das dasselbe wie der báʿal-Berg, nämlich das, was aus der Flut herausragt
als Erdenberg. In Hoheit, in Ehrfurcht siehst du ihn, hast im Abstand ein Verhältnis. Er ist
die Mitte einer allumfassenden Heimat aller Menschen dieser Erde. Die beiden stereotypen
Beiwörter für hāʾēl: der Gott der Erscheinung, der Ehre, der kābōd, der doxa, der
Herrlichkeit, und der Heilige, qādōš. Also heißt der Berg nun Berg der Erscheinung, Berg
der Herrlichkeit, Berg der Ehre (gemeint ist: "des" ʾēl) und er heißt der heilige Berg, der
Berg der Heiligkeit (gemeint ist: "des" ʾēl).
- Im Blick auf Jerusalem: Jerusalem, Jᵉrūšālēm, ist nun für David „die Stadt auf dem Berg",
„die Stadt Gottes".
- Im Blick auf David: David ist nun der ʾādām báʿals. ʾādām ist der Name für "Menschheit",
die Gattung Mensch praktisch-politisch. Die Menschheit, im Staat erfasst, hat ihr Haupt im
ʾādām, alle anderen sind Glieder seines Leibes. Er ist der Gezeugte des báʿal, das Kind (der
Sohn) des báʿal (Ps 110,3).
David ist nun wie báʿal, báʿal-gleich: Das ist normal, das muß er sein. Dann ist er bedroht
vom Feind, ist Kämpfer gegen diesen Feind, Sieger über den Feind, Aufsteiger (ʿæljōn),
Sitzer (jōšēb), Richter über den Feind (šōpēṭ) über alles und jedes, über alle Erde, über
Könige und Völker.
- David ist nun der Knecht des báʿal, der den Willen seines Herrn tut, der Geliebte des báʿal,
der in Parallelschaltung mitmacht und der um Überlebens willen mitmachen muß mit seinem
Herrn, also der Sklave des báʿal. Typische Dienste für báʿal sind der Tempelbau, darin liegt
die Vollendung der Schöpfungstat báʿals, außerdem das Bedienen des Gartens. Weiter hat der
báʿal-fromme ʾādām heilige Vermählung zu vollziehen (Koppen-Kult, Höhenkult), Opfer zu
bringen zur Ankurbelung der Wirtschaft, d. h. zu investieren, und schließlich den Totenkult zu
begehen, um die Wiederkehr des Lebens mit báʿal-Kraft zu sichern.

3. Der Aufstieg Davids in der Sicht Israels

Die Kehre Davids

a) Die Bedeutung der Taten Davids für Israel:
Die Wiederherstellung Israels als beiläufige Folge von Davids Aufstieg. Das ist das
Geheimnis der Kehre Davids.
- David mußte in den Augen Israels erscheinen als der „Mann" (ʾīš: Hauptperson, Mitte, Ort
der Geborgenheit, der Orientierung, des Halts) Jahwähs, welcher nach dem Willen Jahwähs
dem verlorenen Israel zum Retter ward. Das geschah, als er von den Männern Judas in
Hebron das Königtum annahm, als er das Königtum über die Nordstäbe Israels annahm, als er
um dieses Königtums willen den Krieg wagte gegen die Philister und sie besiegte.
- David mußte in den Augen Israels erscheinen als der Mann, ʾīš, welcher, wenn auch
ungewollt, das zerbrochene Israel aufgefangen, am Leben erhalten hat.

Das geschah, als er im Gefolge seiner Verwaltungsmaßnahmen den auseinandergebrochenen Teilen Israels Jerusalem zur gemeinsamen Mitte bestimmte (2 Sam 7,10), als er selbst in Jerusalem Sitz nahm. Er, der „Mann Jahwähs", der Inbegriff ihrer Einheit, ist dort da für beide Teile Israels.

- Die Findung Jerusalems als neuer Ort (māqōm) für Jahwäh anstelle des zerstörten Schilo als der eigentliche Sinn der Einholung der Lade nach Jerusalem. Dem David war sie Siegestrophäe. Israel aber sieht: Er ist der Hersteller des gemeinsamen Israel, ist ihm Haupt, Mitte, und er hat die Lade bei sich in Jerusalem.

b) Das Eingehen Davids auf die Sicht Israels (2 Sam 5,12)

- David stellt sich, lässt sich stellen (2 Sam 7,8-11.17). Er tritt aus sich heraus, verläßt sich darauf, er nimmt an, nimmt zu eigen an, gehört denen, die gehören ihm, sie werden eins. Diese Einheit in höchster Not heißt „Leben", ḥaj. Jetzt hat Israel in David seinen māqōm, seinen Ort gefunden.

- David lässt sich rühren (nāgá'). Das ist das Gegenteil dessen, was einem alt-'ādāmischen 'ādām eigen ist. (Die volle Erfüllung eines 'ādām, der sich rühren lässt, ist Jesus Christus, der Davidssohn, der 'ādām-Sohn, der Menschensohn.)

- David wird ein anderer, wird verändert. Vollbracht hat es Jahwäh, der Gott Israels, der sich des David bediente, um Israel zu retten und der Israels sich bediente, um den David zu rühren (2 Sam 7,21).

- David überprüft seine Herrschaftsmaßnahmen

Jetzt zieht er Israel an seine Seite. Das heißt: Für Israel hat er die Philister besiegt, die Kanaanäer unterworfen, Amalek, Edom, Moab, Ammon und Aram botmäßig gemacht, die Völker der Erde prinzipiell unterworfen, für Israel Himmel-und-Erde-Betrieb gepackt, aber in des Gottes Israels Namen, d. h. des retterischen Gottes Israels Namen, zum Segen für die Völker der Erde. Da hat die Weltgeschichte den Atem angehalten, diese Sicht verschwindet nie mehr aus der Geschichte bis hin in die Konfrontation Jesu mit Rom.

- David vollstreckt nun willentlich und wissentlich die Wiederherstellung des Zwölfer-Israel im Sinn der alten Heilsgeschichte.

- David erklärt und versteht sich nun wissentlich und willentlich als „der Mann ('īš) für Israel", als der Mann Israels zur Rettung Israels in Nachfolge Sauls.

- David ist nun wissentlich und willentlich der eine König für Gesamtisrael, für den Stamm Israel. Damit bekommt Israel einen Sonderrang unter den Stämmen Kanaans.

- David versteht nun seinen Griff nach Kanaan als die Übergabe Kanaans von Seiten Jahwähs, des Gottes Israels, an ihn, den David, und durch ihn an Israel. Israel hat nun Kanaan zu „nehmen" um seines Gottes willen. Es ist jetzt das von Jahwäh ihnen zugemutete, zuge-sprochene, „zugelobte" Land. Jetzt muss Israel Wissenschaft betreiben, Technik, Industrie, Wirtschaft und Politik nicht von Staats wegen, sondern von Gottes wegen! Die Folge ist: Die Zusammenfassung der Kanaanäer-Stadtstaatengebiete mit den Wohngebieten Israels wird nun verstanden als Zuteilung der Kanaanäer-Landgebiete an Israel.

Das bedeutet: Die Bestimmung Jerusalems zur Stadt Davids versteht sich nun als Bestimmung Jerusalems zur Hauptstadt für Israel. (Bis dahin hatte Israel keine Hauptstadt. Zum Zweck der Verkündigung von Satzung und Recht gingen sie nach Sichem, zum Zweck des Opferns, Fruchtbarkeit-Erbittens gingen sie nach Schilo zur Lade, zum Zweck des Gedenkens der Heilsgeschichte gingen sie nach Gilgal (siehe Seite 5). Die Bestimmung Jerusalems zur Stadt, wo die Lade auf ihrer fortgesetzten Wanderung von Stadt zu Stadt nun für einige Zeit zu stehen kommen sollte, wie der unbekehrte 'ādām David es verfügt hatte, wird nun verstanden als Bestimmung Jerusalems zum endgültigen Ort der Lade im Namen Jahwähs mit der Verfügung einer jährlichen Ladeeinholungsfeier mit entsprechendem Ritual auf die Dauer (Kult Erste Festwoche vierter Tag, siehe S. 42). Das ist jetzt der Ort, den Jahwäh erwählt hat, seinen Namen dort wohnen zu lassen.

4. Die sprachliche Erfassung der Kehre Davids

Die sprachliche Erfassung rührt an eine im Alten Orient weitverbreitete Überlieferung: den Vasallenbund zwischen einem Herrn und einem Knecht (im Sinn von „knight"), äußerlich ein schriftlicher Vertrag, dem Sachgehalt nach ein Bund, ein Bündnis. Der Herr spannt das Vasallenvolk und seinen Herrscher ein in sein Weltreichsunternehmen, Staat bis an den Rand der Erde zwecks Güterproduktion. (Baltzer, K., „Das Bundesformular", siehe Literaturangaben Seite 56.)

Das Bundesformular siehe nächste Seite

DER BUND

(1) **Selbstvorstellung des Großkönigs:**
Ich bin der NN, der Sohn des NN ...
Ich bin der Herr der Länder (Staaten)
Ich bin der große König, der König der Könige (der Vasallen)
Ich bin die Sonne
Ich bin der Geliebte des bá⊡al (⊡āhēb, lieben > Praxis, agapao)
Ich bin der Held

(2) **Aufzählung der gratis gewährten Vorleistungen:**
Ich habe dich gefunden, gesehen, gehört, genommen, geliebt, erwählt, gerufen, um mich dir
zu offenbaren (Fundgrube für Historiker, exakte Angaben)
Jetzt weiß der Knecht, wer der Herr in Wahrheit ist und alles hängt davon ab, ob er sich die
Zumutung zumuten läßt; wenn ja: Ich habe dich erkannt (gilt wechselweise zwischen Herr
und Knecht) (habe das Land dir gelassen)
In diesen Vorleistungen habe ich dich mir gebildet (jāṣár, Gen 2,7)

(3) **Grundsatzerklärung:** apodiktische Sätze (Gesetz, ḥōq)
Dein Herr bin ich: Andern Herrn hast du nicht.
„Geh du aus deinem Land ..." (Gen 12,1-3)
„verlasse alles ..."
Berufung ist tödlich
(Alter Mensch wird getötet. Knecht: nackt, angewiesen auf Hilfe, bāśār)
Trauensschritt: „Sorge nicht!" (Ps 55,23)
Ich bin da mit dir.
Ich bin das Leben für dich
- zoä der Struktur nach (so lange die Großkönige dem Tod gewachsen sind)
Nach dem Trauensschritt:
„Mein Sohn (bᵉnī) bist du, heute habe ich dich gezeugt" (Ps 2,7):
Erweckung
Heische von mir und ich gebe die Völker dir zum Erbe" (Ps 2,8)
Ich sende dich „... in das Land, das ich dich sehn lassen werde" (Gen 12,1)
Einzelbestimmungen – Rechtsvorschriften
Recht – kasuistisch (mišpāṭ)
Verpflichtung zur Hof-Fahrt
Zusicherung der Thronfolge (2 Sam 7,12)
Verpflichtung zum regelmäßigen Vortrag der Vertragsurkunde vor dem versammelten Volk

(4) **Vertragsklausel**
Hinterlegung der zwei Vertragstafeln im Tempel des jeweiligen Gottes: eine Tafel für den
Großkönig, eine für den Kleinkönig (Tafeln aus Bronze, Eisen, Basalt, Silber).

(5) **Anrufung der Götter als Zeugen des Bundes**
Berge, Flüsse, Quellen, Meere, Wind und Wolken, Himmel und Erde (Dtn 4,26; 30,19; 31,28)

(6) **Ankündigung von Fluch und Segen**
Ein Segen sein für das zu Lehen gegebene Volk: Gut – Leben
Schutz der Götter. Gedeihen des Landes. Reiche Ernte. Königtum in Ewigkeit.
Freude des Herzens
Ein Fluch sein: kein Segen sein, die Anvertrauten dem Bösen, dem Tod überlassen
Prüfung, Hinleite, evtl. "Sünder", Begnadigung; Bundesmahl; Sendung

----

5. Jahwäh als Herr (die Personalität Gottes)
Dieses Bundesformular wird nun auch in Israel verbindlich, um sein Gottesverhältnis zu fassen: Unser Gott hat sich offenbart als Herr. Das Vasallenvertragsschema mit seinem Vokabular wird nun herangezogen an Jahwäh. Israel faßt seinen Rettergott Jahwäh als Herrn im Modell des Vertragsschemas. Bisher wurde von ʼēl gesprochen als von einem, der etwas bewirkt, der ins Spiel kommt, aber es war noch kein Gesicht sichtbar geworden. Jetzt nennt man ihn „Herr". Qua Herr ist er Person. Er war es schon immer, aber jetzt ist es zutage getreten.
Jahwäh ist der Name des Gottes vom Berg in der Wüste. Der Name ist nicht hebräisch, ist unverstanden, beginnt aber jetzt zu sprechen, weil Jahwäh im Licht des Bundesformulars als Herr aufgegangen ist. Zu jedem Herrn, jedem Großkönig gehört als Charakteristikum, daß „er da ist mit" dem Knecht. „Da sein" ist hājāh, „er ist da" jahjǣh, im Sprachgebrauch jahwǣh. „Mit" heißt hebräisch ʿim, von diesem Wort sagen die Gelehrten, das sei die kürzeste Formel für „Bund". Der unverstandene Name Jahwäh wird jetzt ob der zufälligen Lautgleichheit in Verbindung gebracht mit dem Herrn, der „da ist". Das Wort Jahwäh verliert in der Praxis die Namensqualität und wird ein beschreibendes Wort für den Herrn.

a) Das Besondere Jahwähs in seiner Rolle als Herr
- Im Blick auf die Bedeutung des □ādāmhaften im Knechtsein bei David ist Jahwäh, unser Gott, der Meister der Verläufe der Natur (báʿal). Jahwäh, unser Gott hat sich des David bedient, um uns zu retten, hat sich des □ādām David bedient, hat sich des □ādāmhaften am □ādām David bedient, hat sich des Herzens (Intelligenz mit allen Begabungen) des □ādām bedient, hat sich der Planungen, der Berechnungen des Herzens des □ādām David bedient, (obwohl diese den Aufstieg des David meinten,) hat sich der in den Planungen und Berechnungen des Herzens des □ādām David gegriffenen Naturverläufe bedient. Jahwäh ist nicht die Naturkraft (wie báʿal), sondern er bedient sich ihrer, indem er sich der Dinge bedient, in denen sie wirkt. Er ist Meister in einem ganz neuen Sinn. Jahwäh ist der Schöpfer aller Dinge.
- Im Blick auf die Bedeutung des Weltreichs für David und sein Knechtsein ist Jahwäh, der □ēl, der unbedingt Angehende, Zusammenhalt Stiftende, Heimatbereiter, jetzt **ʼēl ʿæljōn**, Aufsteiger. David ist im Kampf um die Macht hervorgegangen als Sieger, als ʿæljōn, Aufsteiger. Dieses Aufsteigers Herr ist Jahwäh. Also ist Jahwäh nun faßbar geworden als □ēl ʿæljōn.
- Im Blick auf die Weltordnung, die Schöpfungsordnung, die David auf dem báʿal-Berg als Sitzer im Himmel verkörpert, ist unser □ēl von Ägypten an der Gott dieser Weltordnung, dieser Ewigkeit, der **ʼēl ʿōlām**. Der ādām kann im Trauen den Schritt in den Bereich dieses Gottes, ins ewige Leben tun. Dann ist dieses David Herr niemand anderer als ein □ēl ʿōlām.
- Jahwäh in der Rolle des EINEN, **ʼæḥād**. Der Berg des báʿal ist eine Riesenheimat mit dem Ortsgott hā□ēl: Ort, māqōm, ehrfurchtgebietend, alle zulassend. Darin sind viele kleine Heimaten mit ihren Orts-□ēlīm, alle von des hā□ēl Art. In den Dingen dieser Heimaten - Fels, Baum, Brunnen - herrscht aber auch die Naturkraft, sie richtet dieses □ēl-Wesen, d. h. daß es im naturgemäßen Zustand bleibt. Das ist die Besonderheit des báʿal: Er hat das Gericht Himmels und der Erde, insofern ist er der EINE, der E i n z i g a r t i g e. Dieses G e r i c h t (in Ordnung bringen) übergibt báʿal dem ʼādām: ʼādām in der Rolle des EINEN. Israel sieht: Jahwäh, unser □ēl von Ägypten an, hat sich des ʼādām David bedient, Jahwäh als Herr des David ist der EINE (Dtn 6,4). báʿal gibt es nicht.
- Jahwäh als der **Stifter**, qōnǣh (Gen 14,19.22), zunächst ein Titel für báʿal. Er stiftet an dazu, daß etwas geschieht, daß der Betrieb Himmels und der Erde in Gang kommt. Im Blick auf die Gütererzeugung, wie sie dem Stifter David als Staatsmann obliegt, erfaßt Israel, daß dieses Stifters Gott Jahwäh, unser □ēl von Ägypten an, (der Gott von Sichem und kein anderer) der Anstifter der Verläufe Himmels und der Erde ist.

- Jahwäh als ☐ēl '^{æ}lōhīm. Im Blick darauf, dass sie als Stamm Israel mit David zusammen eingerückt sind in die Vorrangstellung unter den Völkern, im Blick darauf, daß es der Jahwäh der Heilsgeschichte (Sichem, Schilo, Bet El, Gilgal) ist, der den Stamm Israel in diese Stellung gerückt hat, ferner im Blick darauf, daß Israel als Herrschervolk mit David zusammen hauptberuflich befaßt ist mit dem Wohl und Wehe der Weltstämme, vornehmlich mit ihrer Verlorenheit in den Tod und schließlich im Blick darauf, daß Jahwäh von Wesen Retter ist aus dem Tod, erscheint Jahwäh als Rettergott auch für die Weltnationen, der alle Todverfallenen in einer einzigen Schicksalsgruppe in eins nimmt. Mit dem Wort '^{æ}lōhīm ist der Blick gewendet auf das Aufgabenfeld des berufenen Knechts: das Heil der Völker. Israel ist das einzige Volk, das nach dem frühen Gruppenbewußtsein die Staatsverfassung übernahm und innerhalb der Staatsverfassung das Gruppenwesen bewahrte. Israel ward „Mutter der All-Gruppe" ('ēm kol·ḥaj, Gen 3,20).

- Jahwäh in der Rolle des hā'ēl, DES Gottes, des Ortsgottes schlechthin: Es geht um die allumfassende Heimat aller Menschen, zentriert in der Mitte beim Berg in der Hauptstadt, dem bá'al-Berg. Er ist das Haupt aller Berge, das zum Himmel aufragt, der Weltenberg, DER Berg DES Gottes, ortsgotthaft. Er ist die Mitte der Welt, die den Völkern Raum und Heimat gibt. Alle haben Zugang, alle lässt er kommen, alle räumt er ein, das ist das Phänomen. Schon im Heidenbereich hieß der Gott des Hauptstadtbergs im Klischee „Gott der Erscheinung", der Herrlichkeit, der Ehre, ☐ēl kābōd, und ☐ēl qādōš, der heilige Gott. Israel sieht: Der 'ādām David hängt an Jerusalem, am Zion. Der Zion ist jetzt DER Berg, der alle Völker angeht. Damit rutscht nun Jahwäh, der ☐ēl Israels, der ☐ēl Davids, in das Klischee: ☐ēl kābōd und ☐ēl qādōš.

Jahwäh als der „Gott der Ehre", ēl kābōd (Ps 29): Im Blick auf sein Großkönigtum ist David der „König der Ehre" geworden durch Jahwäh, Israels Gott. Dieser Gott steht als „König der Ehre" hinter David. Hinter der Schablone des Ortsgotts steht also in Wahrheit der dynamische Jahwäh, der Retter in Situationen, der mitgehende Gott, der Heimatbereiter. Nicht nur bá'al verschwindet als Wahn, auch die reine Ortsgott-Schablone verschwindet. Israels Gott, der Retter von Ägypten an, der Völkerretter, '^{æ}lōhīm, ist zugleich der Heimatbereiter, der alle Völker eineignet.

Jahwäh als „der heilige Gott", ēl qādōš: Dem „König der Ehre" gebührt Ehrfurcht, also sich stellen, im Abstand ein Verhältnis gewinnen, šabbāt (feiern von der Arbeit). Der dynamische Gott aber will, dass Güter beschafft werden, er mutet zu, zu arbeiten und zwar so, dass nicht Rivalität, nicht Klassengesellschaft entstehen. Das Betriebmachen bekommt eine neue Note: nicht unter Zerstörung von Solidarität und Heimat! Die Menschen werden durch den „heiligen" Gott zu „Heiligen" im Sinn von „Geheiligten" (Lev 10,10; 1 Kor 1,1; Phil 1,1; Apg 9,13).

b) Das Besondere des Jahwäh-Bundes

- Der Jahwäh-Bund als Schöpfungsbund. Jahwäh war diesen Bund schon „zuvor" (qǽdæm) eingegangen, ehe der 'ādām in Aktion trat (später dargestellt im Nō^{æ}ḥ-Bund). Es ist ein Bund Jahwähs, des Herrn, des Schöpfers der Dinge, mit den Geschöpfen. Jedes Ding vollstreckt sein Wohlgefallen. Im Horizont von Schöpfungsbund spricht Israel vom Davidsbund. Dazu hat Jahwäh dem David die Erde als das Gut schlechthin zu Lehen gegeben, damit er den Völkern ein Mahl bereite, dass sie an ihm sollten einen Segen haben. „Alles hat er ihm zu Füßen gelegt" (Ps 8,7; Ps 110,1; 1 Kor 15,25; Eph 1,22a). So ist die Vollzugsgestalt des Schöpfungsbunds erst im Davidsbund gegeben. Der sammelt die Knechtsbereitschaft der Mächte auf. Fällt der Gehorsam des David weg, kann es keine Vollendung des Schöpfungs-bundes geben. „Alle Dinge harren der Offenbarwerdung der Kinder Gottes" (Röm 8,19).

- Die Zionserwählung

Die Tatsache, daß Jahwäh den 'ādām David sich zum Knecht erwählt hat, bedeutet, daß Jahwäh sichtlich auch Jerusalem, den Zion erwählt hat zum Sitz (mōšāb; der Berggipfel, das Allerheiligste, ist der Herrschaftssitz des Gottes der Ehre), zur Wohnung (miškān) als zeitweiligen Aufenthalt, zu seiner Ruhe (mᵉnūḥāh), zu seiner Ruhstatt (Ps 132,8.14). Der Jahwäh-Bund als Israel-Bund

Jahwäh hat sich des David bedient, um Israel zu retten. Israel rückte durch David in die Vorrangstellung unter den Völkern. Darin begreift Israel erstmals seinen Beruf, ein Segen (lat. signum, Orientierungsstelle) zu sein für die Völker der Erde, sie zu retten aus ihrer Verlorenheit in den Tod. Das bedeutet: Israel ward zum Knecht und qua Knecht Jahwähs zum Sohn Jahwähs. Die Heilsgeschichte erscheint als Vorausbildung des Knechts: „Von Ägypten an rief ich meinem Sohn zu" (Hos 11,1). David ward zum Mittler dieses Bundes. Mittels David hat Israel diesen Bund empfangen (Ex 19).

- Das Besondere des Knechts im Jahwäh-Bund:

Im Blick auf den Israel-Bund war David als Mittler des Bundes in der Stellung eines nāgīd. Jahwäh hat ihn zunächst sich gegenübergestellt und ihn dann zitiert als Gegenüber für Israel, ihn konfrontiert, „gegegenübert" mit Israel. Dadurch ist Israel aus seiner Verlorenheit herausgerissen und in die Stellung des nægæd gerückt, d. h. als ein Gegenüber eingeordnet (Gen 2,18: Ich will ihm eine Hilfe machen ihm als Gegenüber).

nāgīd ist der volle geistliche Titel des David. Einander gegenüber in der Begegnung: Das ist Situation. Jahwäh bleibt der alte Rettergott, der Menschen einander gegenüber. Eine gelungene menschliche Begegnung: Seine Macht ist es, die den Menschen das ermöglicht. Im Blick auf die Völker war David im Zusammenhang mit Israel geworden 'īš, der Mann Gottes für Israel, und Israel war den Völkern gegenüber geworden 'iššāh (nach 'īš–Art), die 'iššāh für David, von David zu respektieren, originalis von Gott her. „Mann" und „Frau" waren beide im Blick auf die Völker und deren Könige, füreinander waren sie nāgīd und næged, beide eigenständig. Die Völker und deren Könige waren vor David und Israel Kinder (bānīm), unbedingt Zugehörige, zu eigen Angenommene.

- Im Blick auf den Schöpfungsbund/Davidsbund

David war als Knecht 'ādām, ein Knecht im Rahmen des Allherrschers, der seine Fürstenschaft im Himmel empfangen hat und immer neu empfing, der mit den Wolken des Himmels kommt zum Gericht. Als Einzelperson ist er der Sohn des 'ādām, „der Menschensohn". David als der Knecht von 'ādām-Rang ist als Knecht das Kind eines Herrn von Gott-Rang, d. h. er ist nicht nur Menschensohn, sondern Gottessohn (Ps 2,7: „Heute habe ich dich gezeugt.") Als Gottessohn ist dieser Knecht in seiner mitgebrachten Eigenschaft als Allherrscher im Rang des EINEN. Alle anderen Gottessöhne (Mächte/Engel) waren seinem Gericht unterworfen. Als der Menschensohn, als der Gottessohn, als der EINE war der David der māšīᵃḥ, der Messias, der (mit Öl) Gesalbte, einer, der den 'ādām-Betrieb beherrscht. Per Titel ist er der, der die Speise reicht. So kann es von ihm heißen Wunderrat, Gottheld, Vater von Vorrat, Fürst des Friedens, Vollender der Gottesherrschaft auf Erden (Jes 9,5.6).

III Der Aufstieg Davids und Israels
als Neuaufbruch und Vollendung der Heilsgeschichte

1. Der Aufstieg Davids und Israels als ein Neuaufbruch

a) Jahwäh hat Israel aus der Vernichtung durch die Philister gerettet (Nathanweissagung 2 Sam 7,1-17; das Echo darauf ist das Gebet des David 2 Sam 7, 18-29)
- Jahwäh hat im 'ādām David seinem Volk Israel einen māqōm gesetzt (2 Sam 7,10), um Israel einzupflanzen, dass an seinem Platze es wohne (2 Sam 7,10), dass es nicht mehr aufzittere (2 Sam 7,10), dass nicht mehr Söhne der Tücke es beugen (2 Sam 7,10).
- Jahwäh hat den 'ādām David gebeugt (Ps 132,1), um ihn seinem Volk Israel zu entbieten als nāgīd (2 Sam 6,21). Jahwäh hat sich den 'ādām David gebildet zum Knecht: Er hat ihn erkannt (2 Sam 7,8), er war da mit ihm (2 Sam 7,9), er hat dem David einen großen Namen gemacht (2 Sam 7,9), er hat ihm Ruhe verschafft (2 Sam 7,11), er hat ihm vermeldet, dass er ihm ein Haus machen wird (2 Sam 7,11).
- Jahwäh hat Rede ergehen lassen an den 'ādām David für Israel (2 Sam 7,17.25.28): Er hat ihm das Ohr bargemacht (2 Sam 7,27); er hat ihn erkennen lassen (2 Sam 7,18 und 5,12), dass er ihm all das Große gemacht hat (2 Sam 7,21); dass er ihm sein Haus und sein Königtum gegründet hat und betreut (2 Sam 5,12; 2 Sam 7,16; 2 Sam 7, 26); dass er ihm sein Königtum zu einem Getragenen gemacht hat um seines Volkes Israel willen (2 Sam 5,12).
b) In der Rettung Israels durch David aus der Philisternot hat Jahwäh dies Israel nicht nur wiederhergestellt, sondern er hat es zu etwas Neuem gemacht.
- Jahwäh hat Israel gegründet (2 Sam 7,24) in einer 'ōlām-Rettung, in einer Rettung der Ewigkeit, zu einem Volk ('am) der Ewigkeit (2 Sam 7,24), als einen ewigen Namen (2 Sam 7,23.26).
- Jahwäh hat Israel zum EINEN Volk gemacht (2 Sam 7,23): Er hat ihm Größe verliehen; er hat es ehrfurchtgebietend gemacht für allen Erdstaatsbetrieb, „für alle Länder" (2 Sam 7,23);
- Jahwäh hat Israel abgegolten: Er hat den 'ādām David eingesetzt (2 Sam 7,18); er hat sich den 'ādām David erstehen lassen (qūm) zum Segen für Israel (2 Sam 7,25.29).

2. Die Erzählung vom Aufstieg Davids und Israels im Sinn einer Erfassung („Sage" von) der Vollendung der Heilsgeschichte

Die Heilsgeschichte ist eingelaufen ins Ewige, 'ōlām. Jahwäh, der Gott der Heilsgeschichte, ist bei David auf dem Zion in Jerusalem für das jetzt dann gegebene Israel, das Vorrangvolk unter den Völkern bis an den Rand der Erde, herausgekommen als der Gott der Ewigkeit, 'ēl 'ōlām. Das Kriterium für diese Vollendung ist der Umgang mit dem Tod. Wenn Israel trauen lernt auf den Herrn, wird es Treue finden und darin das Leben haben („Er aber vertraute ihm; das erachtete er ihm als Bewährung", Gen 15,6; „Wenn ihr nicht traut, bleibt ihr nicht betreut", Jes 7,9; „Mein Bewährter hat Leben aus Trauen", Hab 2,4b). Jahwäh ist ein Retter selbst im endgültigen Zusammenbruch.
Jahwäh hat das davidische Israel berufen, die 'ādāmisch orientierten Völker aus der Feindnot, der Todesnot zu retten.
a) Jahwäh hat den 'ādām David im Verein mit seinem Volk Israel zum Segen (lat. signum), zur Orientierungsstelle für die Völker der Erde bestimmt, von woher man durch die Katastrophe hindurchgeleitet wird,.
Das erfordert
- Sünde (Fehl-Gerichtetsein, Bringschuld, Staatsgebaren) aufdecken, sonst bleibt nur Verzweiflung.

- Tod erklären: im Trauen getrost werden, so das Leben haben, im Sterben noch der endgültigen Rettung teilhaft werden durch den Retter, Gott. Bewährt ist diese Haltung erst, wenn sie durchgetragen wird inmitten von Güterbetrieb, Erfolgssystem, Fortschrittssystem. „Ewiges Leben" ist augenblickshaft, ist „Jetzt", eine neue Epoche. In dieses Jetzt hinein gehört die Grundorientierung an Gott orthaft und gruppenhaft. Dann ist der Grundvollzug dieser Ewigkeit Ehrfurcht (orthaft) und Vertrauen (Solidargemeinschaft). Der in Verantwortung Gerückte vollstreckt darin die Autorität Gottes, den Gehorsam gegenüber Gott.
- Begnadigung eröffnen: im Trauen auf Gott getrost werden.
- Dafür der Zeuge sein, mit dem Leben dafür einstehen.
b) Jahwäh hat dem 'ādām David im Verein mit seinem Volk Israel die Erde zu Lehen gegeben: den Völkern aus der Erde (aus 'āræṣ, śādæh und '᾽dāmāh) eine Heimat (māqōm) zu machen (Völkerwallfahrt, Völkerunterweisung (Dtn 32,8; Jes 2,2-5; siehe S. 53 Zweite Festwoche 6. Tag), den Völkern den Frieden zu stiften (Jes 25). „Den Frieden hinterlasse ich euch, meinen Frieden gebe ich euch" (Joh 14,27).
- Jahwäh hat durch den 'ādām David zusammen mit seinem Volk Israel den Völkern der Erde einen Ort bereitet: Er hat die Völker eingeeignet (= eingepflanzt, nāḥál) an ihren Platz (Dtn 32,8); er hat die Völker einberufen in die Versammlung auf dem Zion (Jes 2,2-5).
- Jahwäh hat durch das davidische Israel die Völker berufen in der Versammlung auf dem Zion, Gott die Ehre zu geben (Jes 6,1; Ps 29). Aus Überlebenshunger haben die Völker auf die Natur zurückgegriffen und haben den báʿal personifiziert, respektgebietend gemacht. Der Ortsgott kommt aus dem Spiel und der Gruppengott, der nur „zufällig" gerettet hat, wird ersetzt durch báʿal, aber er läßt im Tod liegen. Die Propheten brachten es dahin, dass Israel seinen Rettergott behielt und báʿal als Wahn erkannte. Es hatte nun einen dynamischen Rettergott und einen ehrfurchtgebietenden Ortsgott. Derselbe Gott Jahwäh war es, der kompetent war auch in den Dingen des Staats.

Jahwäh hat die Völker erkauft,
indem er David und Israel einsetzte
als Preis, um die Völker zu gewinnen.

Jahwäh hat sich durch David und Israel
die Völkerversammlung auf dem Zion
in Einheit und Frieden zum Namen gemacht (2 Sam 7,18 ff).

Diese Erfahrung hat Israel in seinem in Jerusalem zur Zeit Davids entstehenden Kult dargestellt als den seinem Gott Jahwäh gemäßen Kult. Das also ist die Verpflichtung des Kultes diesem Gott gegenüber, der auch der unsere ist.

Teil B

Das Kultbegängnis Israels beim Laubhüttenfest im Herbst in Jerusalem

Vorbemerkung

Der Kult in Jerusalem ist jetzt fällig geworden. Der alte Kult, Kult von Gilgal und Sichem und Schilo, reicht nicht mehr aus, er taugt nicht mehr zu fassen, was Israel neu erfahren hat, was in der Geschichte mit Israel und seinem Gott offenbar worden ist: Jahwäh ist 'lōhīm, er ist völkerweit zuständig. Dieses Geschehen reißt sie von Gilgal weg, von Sichem weg, reißt sie nach Jerusalem. Jerusalem muss das alles überstrahlen – und dort der David.

Damit ist Israel mit seiner Hauptstadt Jerusalem in Konkurrenz getreten mit Memphis, der Hauptstadt Ägyptens, mit Babylon, mit Assur. Israel ist in Konkurrenz getreten mit den Weltmächten, der Kultur in den dortigen Hauptstädten. Der Kult, den Israel in Gilgal feierte, ging niemanden etwas an, hat mit niemandem konkurriert, das war seine eigene Sache. Aber was es jetzt in Jerusalem zu feiern gilt, geht die Völker also an, tritt also per se in Konkurrenz zu dem Jahrtausendkult in Memphis, in Theben-Karnak, in Babylon, in Assur. Der Kult, der jetzt in Israel gefeiert wird, geht die Völker an, ist gar Konkurrenzkult zum späteren Rom.

Wir haben bereits gesehen, ein Herbstfest muss es sein. Der Herbst ist der Termin, an dem es losgeht, es geht um das Begängnis, das Himmel und Erde betrifft, es geht um ein Begängnis, das „Schöpfung" heißt, um ein Begängnis, das zur gleichen Zeit aber nicht vergessen möchte, dass Israel von Ägypten kommt, dass Israel aus Geschichte kommt. Israel muss also einerseits in Jerusalem begehen, was es begangen hat in Gilgal, zugleich soll es aber auch begehen Himmel-und-Erde-Geschehen, Schöpfungsgeschehen, Zusammenbruchsgeschehen, Erntegeschehen. Wie soll Israel im Kult in Jerusalem seine Geschichtsbegängnisse und die Begängnisse von Himmel-und-Erde-Geschehen zusammenbringen?

Stand der exegetischen Kenntnis *[1982; die Bearb.]*
Die Gelehrten sind sich samt und sonders einig darin:
(a) Man braucht dazu sieben Tage, keiner, der das nicht sagen würde. Es ist zu oft und zu viel von dem Siebentagefest im Herbst die Rede, dem sogenannten Laubhüttenfest.
b) Ziemlich einig sind sie sich darin, dass man in diesem Siebentagefest nicht alle Motive unterbringen kann, man kriegt sie einfach nicht sinnvollerweise in das Siebentagefest hinein. Hans-Joachim Kraus hat einmal den Versuch gemacht, so ein Fest zusammenzustellen, aber das Ergebnis ist unbefriedigend. Man bringt die vielen Motive nicht unter in einem Fest von sieben Tagen.
c) An einer Stelle in der Bibel (1 Kön 8,65-66; siehe auch 2 Chr 7,8-10; 2 Chr 30,21-23) ist von einem Vierzehntagefest die Rede: bei der Gelegenheit der Einweihung des Tempels, den Salomo erbaute. Da streiten sich nun die Gelehrten. Die meisten sagen, das war eine einmalige Sache, eben damals notwendig, weil es um den Neubau des Tempels ging. Das ist kein Dauerfest, dieses Vierzehntagefest. Wenige andere – denen ich mich anschließe - sagen: Das war vielleicht doch nicht nur ein einmaliges Fest, sondern eine Dauereinrichtung, dass man regelmäßig ein Vierzehntagefest feierte: Am 15. Tage war die Entlassung, also am achten Tag der zweiten Woche:

$$\overline{\qquad} \cdot \overline{\qquad}$$

7 Tage   7 Tage   15. Tag Entlassung

Ich schließe mich der These derer an, die das für ein Dauerfest halten und mache jetzt den Versuch, dieses Zweimal-Siebentage-Fest darzustellen.

Erklärung der Arbeitshypothese
Eine Hypothese macht man dann, wenn man dafür zwingende Gründe sieht. Jeder Forscher muss eine Hypothese machen und so lange daran festhalten, wie sie die offenen Fragen beantwortet und keine neuen Probleme beim Lösungsversuch schafft. Eine Hypothese, die zwar ein Problem löst, dafür aber zwei neue schafft, ist nicht akzeptabel.

Es sind genügend Gründe da für mich, eine Hypothese aufzustellen. Diese Hypothese erkläre ich. Es wird sich zeigen, dass bei der Gelegenheit die Vielfalt der Motive in eine sinnvolle Ordnung kommt, so scheint mir jedenfalls. Aber es ist eine Hypothese!

Versuch der Darstellung des Kultes beim Laubhüttenfest in Jerusalem

Zeitliche Abfolge

| 1 | 2 | 3 | 4 | 5 | 6 | 7 |####| **I. Tag** | **II. Tag** | **III. Tag** | IV | V | VI | VII | VIII
####

Herbstfest Jahresschlußfest Jahres- Neujahrsfest Schöpfungsfest
wechsel

Das Schema zeigt die 14 Tage des Festes. Nicht hypothetisch ist, dass alles, was hier genannt wird, in diese Zweimal-Sieben-Tage hineingehört. Was im einzelnen in die Tage hineingeordnet wird, ist hypothetisch.
Der erste Festteil (arabische Ziffern) bezeichnet das Erntefest und Jahresschlußfest, der zweite Festteil (römische Ziffern) ist Schöpfungsfest, Neujahrsfest. Die drei ersten Tage im zweiten Festteil (in der Skizze fett) nenne ich „Erster Tag", „Zweiter Tag", „Dritter Tag". Das Wort „Tag" ist an dieser Stelle fast schon ein Name. Der Einschnitt in der Skizze markiert den Jahreswechsel. Das soll ein grober Raster sein.

Die Geographie des Kultes

Die Geographie des Tempels zu Jerusalem (schematische Darstellung, nicht maßstäblich)

1 Das Allerheiligste: qōdæš haqqᵒdāšīm
    Heiligtum der Heiligtume
a) Ladeheiligtum (Bundeslade)
b) mit Keruben (Schlängelsäule, 6 Flügel)
    Decke nicht dargestellt: „... dem Gott
    Israels zu Füßen „wie ein Werk aus
    saphirnen Fliesen", Ex 24,10
2 Das Heilige

    mit Rauchopferaltar
    mit Tisch für Schaubrote
    mit Fünfarmigem Leuchter
    (später Siebenarmigem Leuchter
3 Der Vorhof
a) mit mizbēᵃḥ (Schlachtstatt)
    mit Ehernem Meer
b) mit Säulenstand des Königs
c) mit Platz des Volkes

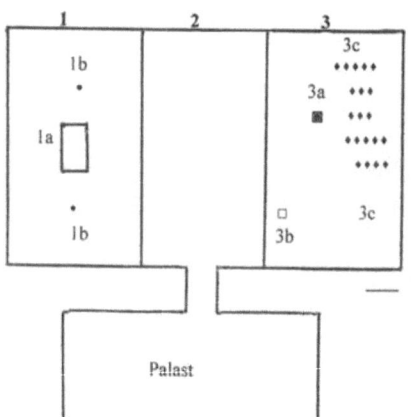

In Wirklichkeit war der Palast des Großkönigs immer größer als der Tempel, seine „Hofkapelle".

Der Tempel ist nichts anderes als die Kapelle im Palast des Großkönigs, so in Babel, in Assur, so in Theben, in Memphis. Weder der Palast ist privat noch die Kapelle. Das ist keine Privatkapelle, das ist der Reichstempel und gehört zum großen Reichshaus, d. h. dem Palast des Großkönigs mit den königlichen Gärten. Es gab einen Durchgang vom Tempelhaus zum Palast und umgekehrt; nicht intim, privat ist das, dass der Herrscher auch noch zu später Abendstunde beten gehen kann, das ist öffentlich, das gehört zum Charakter des Großkönigs, sein Zugang zum Tempel und des Tempelgottes zu ihm.

Der Palast des Großkönigs steht also wie überall so auch in Jerusalem neben dem Tempel. Im heidnischen Tempel findet sich das Götterbild in der Cella. Im Tempel des David/Salomo in Jerusalem steht im Allerheiligsten (siehe Skizze S. 30 1) das Ladeheiligtum, die Bundeslade. Rechts und links von der Lade steht jeweils ein Kerub.

Exkurs: Das Wort Kerub (k^{c}rūb) ist semitisch, ist nichts anderes als im Mythos von Ugarit die Gewitterwolke, Finsterwolke, Dickichtwolke, die den Blitz wirft, die den Donner schallen lässt, die den Regen gibt. Die Mehrzahl ist Kerube oder Kerubim. Das Wort ist längst überall da. Es ist bis heute im christlichen Sprachgebrauch bekannt, allerdings ohne daß man um seine Herkunft und seine Bedeutung weiß. Die Gewitterwolke ist „im Flug", anders gibt es sie nicht. So heißt es in den Texten: „Er (bá'al) reitet den Kerub und fliegt dahin." Heute lesen wir es von Jahwäh im Psalm: „Jahwäh neigt die Himmel, er reitet den Kerub und fährt herab. Aus seinem Maul fressendes Feuer" (Ps 18,10-15). Fressendes Feuer, das ist der Blitz.

Sprachlich sind wir jetzt mitten im Mythos. Im heidnischen Mythos wird im Blick auf die Gewitterwolke so gesprochen: Am Himmel ist der bá'al, er reitet den Kerub, das ist sein Gefährt, er neigt die Himmel und fährt herab. Er reitet den Kerub im Flug und schleudert den Blitz, der symbolisiert in der Schlängellinie. Diese Bilder symbolisieren den bá'al, der vergeht und wiederkommt und immer jung ist. Das Symbol für diesen bá'al ist die Schlange, die ihre alte Haut abwirft.

Die alten Völker, auch die Israeliten, haben versucht, den Kerub kultisch darzustellen. Er muss stehen, also eine Säule, als Symbol für den Blitz eine Schlängelsäule. Er fliegt, die Schlängelsäule soll dazu noch im Flug sein, also Flügel haben, sogar sechs Flügel: „Seraphim (Brennende) umstanden oben ihn, sechs Schwingen hatten sie, sechs Schwingen ein jeder, mit zweien hüllt er sein Antlitz, mit zweien hüllt er seine Beine, mit zweien fliegt er" (Jes 6,2).

In 1 Kön 6,23 ff finden wir eine ausführliche Beschreibung (nach Martin Buber): ^{23}Er machte in der Zelle zwei Cheruben von Ölholz, zehn Ellen jedes Höhe, ^{24}fünf Ellen der eine Cherubsflügel und fünf Ellen der zweite Cherubsflügel, zehn Ellen von den Enden seiner Flügel bis zu den Enden seiner Flügel, ^{25}zehn nach der Elle auch beim zweiten Cherub, einerlei Maß und einerlei Riß für die zwei Cheruben, ^{26}zehn nach der Elle die Höhe des einen Cherubs, und ebensolche hatte der zweite Cherub. ^{27}Als er die Cheruben mitten in das Innersthaus gegeben hatte und man breitete die Flügel der Cheruben aus, rührte ein Flügel des einen an die Mauerwand und ein Flügel des zweiten Cherubs, der rührte an die zweite Mauerwand, und ihre Flügel nach der Mitte des Hauses zu, die rührten Flügel an Flügel.

Man kann es zeichnerisch schlecht darstellen, aber vorstellen können wir es uns doch.

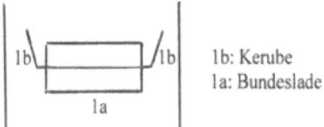

1b: Kerube
1a: Bundeslade

Die Decke des Allerheiligsten (das Obere, das ist der Himmel) neigt sich herunter und ist blau, der Text sagt: „Sie sahen den Gott Jissraels: zu Füßen ihm wie ein Werk aus saphirnen

Fliesen, wie der Kern des Himmels an Reinheit" (Ex 24,10). Das Untere, die Erde legt sich heran.

So ist es nun also: Der Gott, der bá'al, ist über den Keruben: „der über den Keruben thront im Himmel", am Himmel, im Himmelsraum. Er thront im Himmel über den Keruben, und „im Schatten seiner Flügel" ist der 'ādām. Im Psalm lesen wir dann von Jahwäh: „Im Schatten deiner Flügel birgst du mich" (Ps 17,8; Ps 36,8; Ps 63,8).

In Israel im Tempel des David/Salomo, im Tempel Jahwähs ist so gebaut worden, daß da die Bundeslade steht, kein Götterbild wie im heidnischen Tempel, daß da die Kerube stehen und darüber ist der saphirne Himmel. Das ist, wie wir Christen sagen heute, „das Allerheiligste", Israel sagt „das Heiligtum der Heiligtume", qōdæš haqqᵉdāšīm.

Es schließt sich an „das Heilige" (siehe Skizze S. 30 2). Dort stehen der Rauchopferaltar, der Tisch mit den Schaubroten, der zuerst fünfarmige, dann siebenarmige Leuchter. Das muss uns jetzt nicht beschäftigen.

Wichtig ist der dritte Teil des Tempels, der Vorhof, (Skizze S. 30 3). Da steht die Schlachtstatt 3a, mizbēᵃḥ (zābáḥ, schlachten). Das ist etwas anderes als lat. „altare", das meint altus = hoch, erhoben, das Hohe. In der semitischen Sprache ist mizbēᵃḥ die Schlachte, weil da geschlachtet wird. Das Wort „Opfer" hat Israel nicht und die damit verbundene Haltung des „do ut des" (ich gebe, damit du gibst) kennen sie nicht bzw. ist nicht Jahwäh gemäß. Sie bringen Jahwäh vielmehr dar, was ihm sowieso gehört (Ps 50,10-12), worüber sie Rechenschaft geben müssen. Sie benennen ihre Haltung ihm gegenüber z. B. mit 'ōlāh (Darhöhung), mit minḥāh (Hinleite) oder mit šᵉlāmīm (Friedmahl-Schlachtungen) usw. Hier im Vorhof ist jedenfalls die Stelle, wo geschlachtet wird.

Das Volk hat seinen Platz im Vorhof (siehe Skizze S. 30 3c). Der König hat einen Sonderplatz im Vorhof gegenüber dem Volk; wo genau weiß niemand mehr so recht zu sagen, es heißt nur „er steht auf seinem Säulenstand" (siehe 3b), 2 Kön 11,14; 2 Kön 23,3; Neh 8,4. Der König hat eine fundamentale zentrale Rolle im Kult zu spielen. Er ist ja der Inbegriff des ganzen Reichs- und Staatsgebildes, dieser „'ādām".

Die Geographie Jerusalems z. Z. des David/Salomo

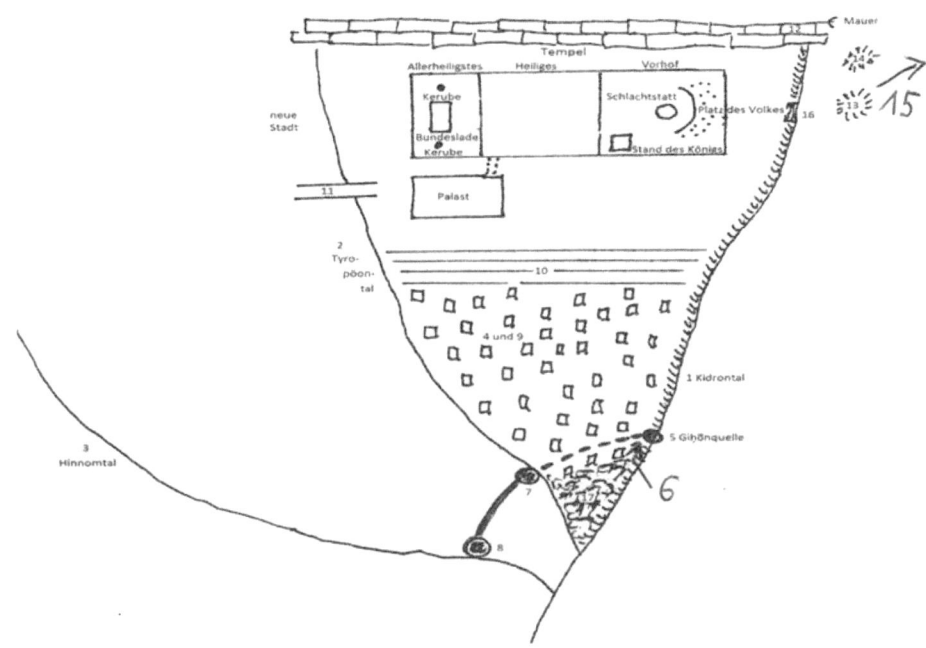

1 Kidrontal und Bach Kidron
2 Tyropöontal (Käsemachertal) oder Stadttal
3 Hinnomtal oder Gehennatal
4 Altstadt der Jebusiter
5 Giḥönquelle
6 Ṣinnōr (Schacht)
7 Oberer Teich Siloach
8 Unterer Teil Siloach
9 Alte Davidsstadt (entspricht auch der alten Jebusiterstadt)
10 breite Treppe zum Königspalast
11 Brücke über das Tyropöontal ins Gebier der späteren Neustadt
12 Mauer der Verteidigung
13 Ölberg und Garten Getsemane
14 Berg Silwan
15 nach Betanien
16 Goldenes Tor
17 Königliche Gärten

Dazu einige Erläuterungen:
Wichtig zu nennen ist das Kidrontal mit dem Kidronbach. Es ist eine tiefe Schlucht, früher noch viel tiefer als heute mit sehr steilen Hängen. Westlich der Stadt verläuft das Tyropöontal (griechisch tyros oder tyron: Käse, pöon: Macher), Käsemachertal, auch Stadttal genannt, heute kaum noch bewußt wahrnehmbar als tiefes Tal. Das war ein richtiges großes Tal und darüber liegt die alte Stadt des David. Als drittes Tal ist zu nennen das Hinnomtal im Süden. Tal ist hebräisch ge und dann dazu Hinnom, daraus wird auch „Ge-henna", und das wird später zu „Hölle", weil im Gehennatal vor Israels Zeiten dem Moloch geschlachtet, Kinder dargebracht, „Kinder durchs Feuer geführt wurden" heißt es (Jer 7,31; 19,5). Das ist eine Teufelei in den Augen der Israeliten. So wird „Gehennatal" zu einer wüsten Sache und so sagt man „geh in die Gehenna", geh zur Hölle.
Die älteste Stadt lag in diesem „Dreieck" (9), aber es ist die alte Stadt der Jebusiter, die hier ihre Häuser hatten, die gleichzeitig auch die älteste Stadt des David war. Das ist in unserem Zusammenhang wichtig. Und wenn wir vom Kult sprechen, dann müssen wir die jetzt gezeichnete Stadt dauernd im Blick haben, damit wir die Möglichkeit und Nichtmöglichkeit von Vollzügen bemerken.
Unten im Süden des Stadtbildes ist eine Quelle, die man heute Marienquelle nennt, es ist aber der alte Giḥōnquell. Er liegt am Fuß des Kidronberges. Von unten her komme ich und hole mir Wasser. Das ist aber in Kriegszeiten gefährlich. Also haben die Israeliten diese Quelle zugemauert und innen durch den Felsen einen Ṣinnor (Schacht) gegraben (vgl. 2 Sam 5,8), um von oben das Wasser zu schöpfen, damit der Feind bei der Belagerung nicht ans Wasser kommt. Als die Stadt später, nach David/Salomos Zeiten, wuchs, hat der König Ezechias oder Hiskia einen unterirdischen Schacht graben lassen durch puren Felsen (6), und so kommt das Wasser hier (7) heraus. Dieses Becken ist der Teich Siloach, da stauen sich die Wasser und fließen ab und bilden unten nochmals einen Teich (8), so daß von einem oberen und einem unteren Teich die Rede ist. In der Dreieckspitze im Süden der Stadt befanden sich die Königlichen Gärten (17).
Im Norden war die alte Davidsstadt abgeschlossen durch eine Mauer (12). Sie wurde errichtet, nachdem die Stadt in David/Salomos Tagen durch die Palast- und Tempel-Anlagen erweitert worden ist. Schon zu Jebusiterzeiten war vermutlich hier die Kultstätte, ebenso auch in Davids Tagen, aber noch kein Tempel; den baute erst Salomo, und er schützte die Stadt im Norden durch eine zusätzliche Mauer.
Von der Stadt hinauf zu Tempel und Palast führten große Freitreppen (10). Eine Brücke (11) hinüber über das Tyropöontal verband die Davidsstadt mit der Neustadt.
Im Osten der Stadt liegt der Ölberg (13), damals schon so geheißen, und gleich dabei der Garten Getsemane, weiter südlich nochmal ein Berg, der Berg Silwan (14), und dann liegt in dieser Richtung Betanien (15). Alle Ortsangaben sind für die Kultvollzüge, von denen wir zu sprechen haben, von Wichtigkeit. Die heutige Palmprozession zieht von Betanien aus in die Stadt hinein, das ist also eine alte Prozessionsstraße. Sie führte ursprünglich durch das Goldene Tor (16) in die Stadt, das aber unter islamischer Herrschaft in den späteren Jahrhunderten zugeschlossen wurde.
So viel zu der Stadtgeographie, denn die brauchen wir, um das Kultbegängnis zu verstehen.

ERSTE FESTWOCHE

Herbstfest - Erntefest - Laubhüttenfest - Jahresschlußfest
Heilsgeschichtsfest (Gedächtnisfest) - Bundesfest - Zionsfest
Zeit: ʿēt (meßbare Zeit)

Laubhütten vom ersten Tag an sieben Tage lang (Lev 23,42)

ERSTER TAG

Am Vorabend
Statio

Ort
Betanien (2 Sam 15,30; Lk 19,29: Betfage, nämlich Betanien; Mk 14,3; Joh 12,1ff)

Selbstverständnis
Kinder Israels - Versammlung zum Gedächtnisbegehen (qāhāl)

Thema
Herausführung aus Ägypten durch Jahwäh

Liturgie

Sich-Stellen (ʿāmád) der Kinder Israels zum Hören (šāmáʿ)

Verkündigung: Herausführung der Kinder Israels aus der Knechtschaft Ägyptens als Tat Jahwähs (Haggadah, higgīd, gegenübern), vorgetragen durch einen Liturgen

Einzelzüge der Verkündigung (Vortrag als reine Legenda):
- Bedrückung durch die Ägypter (durch das Volk, durch den König, durch den Pharao der Ägypter), Ex 1,8-22
- Eingreifen des Mose
Von Kind an ägyptisiert, solidarisiert er sich mit den Kindern Israels, sieht einen Ägypter auf einen Israeliten einschlagen und erschlägt den Ägypter, Ex 2,11-12
sieht anderntags zwei Israeliten aufeinander einschlagen, schreitet ein und wird von den beiden zurückgewiesen mit der provozierenden Frage: "Willst du auch uns erschlagen wie den Ägypter?" Ex 2,13-14
- Flucht des Mose nach Midjan aus Angst vor der Rache Pharaos, Ex 2,15
- Hirt der Schafe Jitros des Keniters (Midjaniter, Hebräer), Ex 3,1a
- Kommen des Mose an den Berg Gottes, Jahwähs, zum Ḥōrēb, Ex 3,1b

Der geschichtliche Auslöser für die rückwärtigen Einträge der einzelnen Motive dieser Erzählung:
Im Hintergrund dieses Mose steht David,
- der die Philister schlägt, die zu dieser Zeit in Kanaan als verlängerter Arm der Ägypter gelten (2 Sam 5,17-21) und der demzufolge sich nun anstelle der Philister zum Machthaber über Israel aufschwingen könnte,
- der gegen den Streit zwischen den beiden Teilen Israels (Nord und Süd) einschreitet und sie zur Einheit zusammenzufassen trachtet (2 Sam 2,1-7; 2 Sam 5,1-3), darin ungewollt

eigentlich nach dem Konzept der Philister bzw. der Ägypter handelnd, ohne sich freilich - im Gegensatz zu den Philistern - in die Abhängigkeit von Ägypten zu begeben, was über kurz oder lang das Mißfallen des Pharao erregen mußte,
- der nach seinem Sieg über die Philister (2 Sam 5,17-21.22-25) sämtliche Hebräernationen (Amalek, Edom, Moab, Ammon und Aram) und die Philister auf dem Boden Kanaans unter seinem Zepter (Hirtenstab) vereinigt (2 Sam 8; 2 Sam 10,6-19), damit Aufstieg in die Stellung eines Großkönigs,
- sowie die Tatsache, daß alle Hebräernationen von ihrer Nomadenzeit her den Jahwäh vom Gottesberg in der Wüste kennen und verehren, so daß nun vermittels dieser Hebräer auch David auf Jahwäh (Ortsgott vom Sinai) verwiesen wird.

Der König als Liturge
Mose, liturgisch dargestellt durch den König, durch David, verläßt die Versammlung der Kinder Israels und geht von Betanien aus über den Ölberg, den Kidronbach zum Gottesberg, Zion, und dort in den Tempel, ins Allerheiligste. Dabei ist der Zion nach dem Verständnis der Davidszeit der Berg Jahwähs anstelle des Jahwäh-Bergs der Überlieferung, des Sinai, weil David da ist auf dem Zion und Jahwäh in den Augen Israels da ist bei David. Dort Begegnung des David mit Jahwäh (Dornbuschgeschehen Ex 3/4: Inbundnahme, Berufung, Einsetzung, Sendung dieses davidischen Mose durch Jahwäh - D a v i d s b u n d - zu den Kindern Israels in Ägypten, um sie im Namen Jahwähs aus der Bedrückung durch die Ägypter herauszuholen).
Die Versammlung der Kinder Israels in Betanien ist entsprechend die Verkörperung des unter der Bedrückung Ägyptens leidenden Israel, welches von Mose, dem zur Rettung Israels berufenen Knecht Jahwähs, aus der Bedrängnis durch Ägypten herausgeführt wird.

Der geschichtliche Hintergrund - das, was die Kinder Israels jetzt als Betroffene, nicht nur als Hörende wissen, wenn sie auf den Mose warten - für diese rituelle Darstellung ist das Davidsereignis. Danach hat Jahwäh, der Gott Israels, sich des David bedient, um Israel aus der Hand der Philister, des verlängerten Arms der Ägypter, zu retten. In dieser Betroffenheit Israels erscheint Jahwäh als der Herr des David und David als der Knecht Jahwähs. Das aber heißt, daß Jahwäh den David in Bund genommen hat, um in diesem Bundesverhältnis ihn einzusetzen als seinen Sohn und zu senden an seiner statt zur Rettung Israels.
Dazu gehört die Tatsache, daß David, der bereits durch den Kreis der Hebräernationen auf den Gott Jahwäh vom Berg in der Wüste verwiesen worden war, nun nach der Sicht der Kinder Israels in neuer Weise auf diesen Jahwäh verwiesen wird als seinen Herrn (nicht mehr nur als Ortsgott!), der ihn in Bund genommen hat, um mittels seiner Israel aus der Hand der Philister/Ägypter zu retten.

NOCH ERSTER TAG
am Morgen

Ort: Betanien

Thema
Vorbereitung des Volkes auf die Gottesbegegnung am Berg

Liturgie:

▪ **Verkündigung:**

Bericht durch den König als Verkörperung des Mose vom Geschehen im Allerheiligsten
(Dornbuschgeschehen) und der Entschlossenheit Jahwähs, durch seinen Knecht Mose die
Kinder Israels aus Ägypten herauszuholen und demzufolge
Vortrag (als reine Legenda) von der Auseinandersetzung des Mose im Namen Jahwähs mit
dem Pharao, darin Konfrontierung der Macht Jahwähs als Herr und Schöpfer, verkörpert
durch Mose, mit der Macht Ägyptens (des Pharao, der Verkörperung Baals des Schöpfers,
allmächtig, konkretisiert in der politischen absoluten Macht des ägyptischen Staats - Pla-
generzählung), mit dem Nachgeben Pharaos und darüber hinaus sogar seiner Bitte an Mose
um den Segen Jahwähs (Ex 12,32).

▪ **Aufbruch der Kinder Israels aus Betanien,** verstanden als Ausfahrt aus der Bedrückung
Ägyptens
▪ **Überquerung des Kidrontals,** verstanden als Zug der Kinder Israels durchs Schilfmeer
▪ **Aufstieg zum Zionsberg,** verstanden als Israels Zug vom Schilfmeer durch die Wüste zum
Sinai
▪ **Versammlung der Kinder Israels im Vorhof des Tempels,** verstanden als Lagern der
Kinder Israels am Fuß des Gottesbergs, des Sinai (an seinem "Platz", táḥat)

Die Prozession von Betanien an über den Ölberg, über das Kidrontal mit Aufstieg zum
Tempelberg ist also die liturgische Agenda zur Darstellung der Ausfahrt der Kinder Israels
aus Ägypten mit ihrem Durchzug durchs Schilfmeer, ihrem Zug durch die Wüste mit Ankunft
am Berg Gottes (Ex 19,1-2).

Es folgt die Ankündigung der Inbundnahme Israels als Knechtsvolk durch Jahwäh
mit Auftrag, die Erde - Staat - zu übernehmen und die Völker (Staatsgesellschaften) auf
Jahwäh hin zu versammeln, um denen zum Segen zu gereichen,
damit Kinder Israels aus allen Völkern ein Sondergut für Jahwäh, ein königliches Priestertum,
ein heiliger Stamm (Ex 19,5-6).

▪ **Aufstieg (ᵓālāh) des Mose zum Berg Gottes** (Allerheiligstes), um dort den "Israel-
Bund" zu empfangen mit Auftrag, von dort kommend ihn dem Volk zu übermitteln (Ex
19,3-6)
▪ **Kommen des Mose zum Volk, Zustimmung des Volkes; Übermittlung der Zustimmung
durch Mose an Jahwäh** (Ex 19,7-8)
▪ **Ankündigung** des Kommens Jahwähs (bō') **in den Elementen seiner Erscheinung
(Rauch, Feuer, Beben)** zur Beglaubigung des Mose als Mittler in der Wahrnehmung des
Volkes (Ex 19,9)
▪ **Anordnungen Jahwähs zur Vorbereitung auf das Geschehen des 3. Tags
(Bundesschluß,** Ex 19,10-13)

▪ **Herabfahren** (jārád) **des Mose vom Berg zum Volk** (Ex 19,14a), **Übermittlung der Anordnungen Jahwähs durch Mose an das Volk**

Beginn der Rüste Israels für den dritten Tag: Heiligung des Volkes, Kleiderwaschen (Ex 19,14b.15)

Im Hintergrund dieser Liturgie steht das Davidsereignis und das von dort her gegebene Selbstverständnis Israels als "Volk" Jahwähs, bestellt, die Erde – Land/Staat - zu nehmen und der Versammlung der Völker ein Segen zu sein (Israel-Bund, nicht mehr nur Davidsbund), das "erwählte", und das heißt als Werkzeug erwählte Volk zu sein. Damit sind die Kinder Israels aus ihrem Selbstverständnis als "Gemeinde" am Ort (Sichem) und als "Versammlung" zum Gedenken an ihre Gottesgeschichte (Gilgal) herausgetreten in das Selbstverständnis als "Volk" (Bundesvolk) für Jahwäh mit entsprechendem Verständnis Jahwähs als seines Herrn (Bundesherrn) und Davids als des geschichtlichen Mittlers dieses Bundes.

Ob der Tatsache, daß Jahwäh erkannt ist als der Gott vom Berg in der Wüste, vom Sinai, vom Ebal-Garizim, erscheint nun ganz neu die Berghaftigkeit Jerusalems bedeutsam als māqōm Jahwähs, so daß nun David und der Zion, beide auf ihre Weise māqōm Jahwähs, im Bewußtsein Israels zusammengehören.
Im Blick auf diese Tatsache erscheint Israel nun als das Israel, das seinen Platz (táhat) gefunden hat "gegenüber dem Berg" (Ex 19,2).

Im Blick auf den Schöpfungsmythos der Völker um Israel und das Aufrücken Israels zu einer Staatsnation erscheint nun der Zion als Weltenberg, als der aus der Flut aufgetauchte Erdenberg in seiner Trocknis (Ḥōrēb). Das steckt in der neuen Bezeichnung Ḥōrēb, so daß von jetzt an der Name Ḥōrēb bei der Rückeintragung dieses Wissens in die Sinai-Geschichte den Namen Sinai ablöst bzw. ergänzend zum Namen Sinai dazukommt (Dornbuscherzählung): Berg Gottes, Berg in der Wüste, Sinai, Ḥōrēb, was dahin sich auswirkt, daß in späteren Erzählungen (Elia) nur noch der Name Ḥōrēb dasteht.

NB:
Eine andere Sache ist, daß David ᵓādām ist und als solcher der ᵓādām Jerusalems, des Landes Kanaan und der Erde insgesamt ist. Damit wird Jerusalem als ᵓᵉdāmāh für ihn bedeutsam und rückt als Hauptstadt Kanaans in den Blick. (Vgl. Teil A Aufstieg Davids, S 16 ff.)

ZWEITER TAG

Thema
Tag der Rüste

Selbstverständnis
Kleiderwaschen gemäß den Anordnungen, die Mose dem Volk übermittelt hat
(Ex 19,10.11.14.15)

DRITTER TAG

Erster Teil
Am Morgen

Ort
Hof des Tempels

Selbstverständnis
Das Volk als Gemeinde (' ēdāh) in Erwartung der Gottesbegegnung am Berg (vgl. Teil A, S. 3)

Liturgie

- **Erschallen des Heimholerhorns** (Ex 19,13)
- **Ausfahren des Volkes aus dem Lager unter Führung des Mose zum Begängnis der Gottesbegegnung, Sich-Stellen am Platz des Berges** (Ex 19,17)
- **Theophanie**: Ex 19,16-20a; Ex 20,1.18.21
Darstellung der Erscheinung Jahwähs ladekultgemäß in Rauch, Feuer, Beben (Posaunenschall) (Ex 19,18.19), schöpfungsmäßig überhöht als Gewölk, Blitz, Donner (Ex 19,16); das Volk steht „von fern" (im Abstand ein Verhältnis), mērāḥōq (Ex 20,18.21)
- **Hinzutreten des Mose zum Haupt des Berges** zu Jahwäh ins Allerheiligste (Ex 20,21), Empfang der Bundesrede Jahwähs zur Übermittlung an das Volk
- **Kommen des davidischen Mose vom Berg, aus dem Allerheiligsten, an den „Platz" des Volkes im Vorhof des Tempels mit Übermittlung der empfangenen Bundesrede an das Volk** (Ex 24,3a), darin:
Erklärung der ladegemäß vollzogenen Gotteserscheinung in Rauch, Feuer, Beben durch Mose im Sinn des Bundesdramas als die Bundesrede des Bundesherrn (Ex 20,1) mit Hinweis auf die Herausführung aus Ägypten als gratis gewährte Vorleistung und Landzusage (Ex 20,2), auf den Dekalog (Ex 20,3.4-17) als Grundsatzerklärung mit Anweisung zu bundgemäßem Verhalten (Ex 23,20-33) und auf das Bundesbuch (Ex 21,1-23,19) als Summe der Einzelbestimmungen (Dtn 31,11-13 u. Neh 8,5-7) zur Übernahme Kanaans als Lehen.
- **Zustimmen des Volkes** (Ex 24,3b)
"Mose kam und berichtete dem Volk alle Reden Jahwähs und alle Rechtsgeheiße. Alles Volk antwortete mit Einer Stimme, sie sprachen: Alle Reden, die Jahwäh geredet hat, wir tuns. Mose aber schrieb alle Reden Jahwähs" (Bundesurkunde) Ex 24,3.4a.

Damit verbunden ist ein Einrücken der überkommenen Überlieferung von Sichem, der Sinai-Überlieferung, in den neuen Zusammenhang der Bundesüberlieferung vom Zion.

Im H i n t e r g r u n d dieser Liturgie steht der in Davids Tagen neu eingerichtete Herbstfestkult als Bundeskult mit der diesem Kult inneliegenden Zielsetzung für Israel, ein Segen zu sein für die Völker.

DRITTER TAG

Zweiter Teil

noch am Morgen

Ort
Hof des Tempels

Selbstverständnis
Israel in seinem Verhältnis zu Jahwäh sich wissend als Bundesvolk Jahwähs zum Segen für die Völker (Jahwäh als ᵓᵉlōhīm, Ex 20,2)

Thema:
Vollzug des Bundesschlußrituals ("Vereidigung" Israels) Ex 24,4b-11 (vgl. Teil A S. 22 ff.)

Liturgie:

• **Bau der Schlachtstatt am Platz des Berges** (Ex 24,4b)
• **Schlachten** der zum Bundesschluß benötigten Tiere (Ex 24,5), Aufsammeln des Blutes
• **Besprengen der Schlachtstatt mit der Hälfte des Blutes (Altarweihe)**
• **Vortrag der Bundesurkunde** (Ex 24,4a) **durch Mose/David in die Ohren des Volkes (Ex 24,7a)**
• **Zustimmen des Volkes zu diesem Bundesschluß-Vortrag** (Ex 24,7b)
• **Besprengen des Volkes durch Mose** mit der zweiten Hälfte des Blutes, **mit dem Blut des Bundes (Volksweihe) und damit Vollzug der Bundschließung** (Ex 24,8)
• **Vollzug des Bundesmahls durch Mose und die Ältesten im Allerheiligsten mit Gottesschau** (Ex 24,9-11)

Hintergrund
Die Kinder Israels, von David aus der Philisternot befreit, nach der Bekehrung Davids um Jahwähs willen von David als Volk zu eigen angenommen (Reichsvolk)
Politischer Aufstieg Israels zu David nach Jerusalem zum Zion in Jerusalem,
politische Versammlung auf dem Zion im Tempelvorhof mit David zusammen,
gewillt, sich von Jahwäh als sein (Bundes-)Volk in Pflicht nehmen zu lassen (Israel-Bund) zum Segen für die Völker
und gewillt, dieses neue Verhältnis zu Jahwäh, vermittelt durch David, in einem eigenen Bundesschlußritual nach traditionellem altorientalischem Vorbild für Bundesschlüsse zu bezeugen
D a v i d bei diesem Bundesschluß (Israel-Bund) in der Rolle des M i t t l e r s , der im Namen Jahwähs dem Volk gegenüber diese neue Wirklichkeit vermittelt.

DRITTER TAG

Dritter Teil

Noch am Morgen

Ort
Das Allerheiligste, nach orientalischem Vorbild die Staatskanzlei

Selbstverständnis
Die Kinder Israels, durch eigene Vertreter zusammen mit David vor Jahwäh, bereit, die Dokumentation des Bundes, die Steintafeln, die Tafeln des Bundes, entgegenzunehmen, um den Inhalt dann der Versammlung der Kinder Israels vorzutragen (Ex 24,12-13; 34,29 ff)

Thema
Übergabe der Tafeln als Dokumentation des geschlossenen Bundes an Israel, den Bundespartner Jahwähs, zum Segen für die Völker

Liturgie

• **Aufsteigen des Mose zum Haupt des Berges** (Allerheiligstes, Ex 24,12-13) mit Empfang der Bundestafeln aus Stein durch Mose als Dokumentation der Bundschließung
• **Herabfahren vom Berg, die Bundestafeln in der Hand** (Ex 34,29a) **mit strahlendem Antlitz** (Ex 34,29b)
• **Hinzutreten der Kinder Israels und Entbieten der Rede Jahwähs durch Mose** (Ex 34,32)
• **Anlegen des Schleiers:** [33]Als aber Mose geendet hatte, nebst ihnen zu reden, gab er auf sein Antlitz einen Schleier. [34]Wann Mose kam vor Jahwäh, nebst ihm zu reden, tat er den Schleier ab, bis er ausfuhr. War er ausgefahren und redete zu den Kindern Israels, wozu er entboten war, [35]sahen die Kinder Israels Moses Antlitz, daß die Haut des Antlitzes Moses strahlte; dann aber lege Mose den Schleier wieder über sein Antlitz, bis er kam, nebst ihm zu reden.

VIERTER TAG

Am Vorabend

Ort
Hof des Tempels

Selbstverständnis
Fortsetzung des Gedächtnisbegehens

Thema
Ladewanderung (siehe Teil A: Schilo, Gilgal, S. 10 ff)

Liturgie

Versammlung der Streiterlese (2 Sam 6,1)
Vortrag der Ladeerzählung, beginnend mit der Einholung der Lade aus Schilo ins Kriegslager bis zum Einbringen ins Haus des Gatiters Obed Edom (1 Sam 4,4 - 7,1 u. 2 Sam 6,1-11)

NOCH VIERTER TAG

Am Morgen

Ort
Hof des Tempels

Selbstverständnis
Die Kinder Israels, dank David aus der Philisternot befreit, mit David zusammen bei der Lade
Jahwähs als ihrer Mitte bei der zum Kult bereiteten Tenne westlich der Stadt versammelt,
bereit, mit David zusammen die Lade Jahwähs nach Jerusalem zu geleiten

Thema
Einholung der Lade
2 Sam 6,2.12-15.17.18; Ps 132,6-8.13-14

Liturgie

- **Statio:**
**Sich-Einfinden der Kinder Israels im Vorhof des Tempels, Aufnehmen der Lade durch
die aharonitische Priesterschaft im Allerheiligsten, Zug der Kinder Israels unter
Anführung der aharonitischen Priesterschaft zu der für den Ladeeinholungkult
bereiteten ("Tenne des Nākōn", westlich der Stadt) Tenne.**
- **Kultischer Aufbruch mit angemessenem Aufbruchsritual, die Lade aufgenommen
durch die Träger (2 Sam 6,13), um sie aufsteigen zu lassen (2 Sam 6,2.12b.15) an ihren
Platz im Allerheiligsten des Tempels, mit anschließender Prozession unter reich
ausgestaltetem Ritual (2 Sam 6,13-15.17-19) zum Hof des Tempels und Aufstellung der
Lade an ihrem Platz im Allerheiligsten des Tempels (s. auch 1 Kön 8,1-11).**

Hintergrund
Nach seinem Sieg über die Philister verfügt David die Überführung der Lade Jahwähs von
Kirjat-Jearim, wo sie mittlerweile im Zug der sogenannten Ladewanderung angekommen war,
nach Jerusalem. Von einer zum Kult bereiteten Tenne nicht weit westlich der Stadt aus
("Tenne des Nakon") wurde die Lade dann in feierlicher Prozession vom ganzen Volk
zusammen mit David nach Jerusalem zum Tempel ins Allerheiligste gebracht.
Dort war sie an ihrem "Ort" angekommen, am "Ort ihrer Ruhe" (Ps 132,8.13.14), und war nun
die Lade Jahwähs, wie Israel ihn nach dem Sieg über die Philister und dem Aufstieg nach
Jerusalem zu begreifen gelernt hatte, und das heißt: Der Jahwäh der Lade war nun der
Schöpfer Himmels und der Erde, der über den Keruben thront, und die Lade war nicht mehr
so sehr die Kriegslade von früher (vgl. Jericho), sondern an ihrem Ort die "Mitte" Israels und
als solche ortsgotthaft das Viele, die Vielen auf sich beziehend, bei sich versammelnd. Damit
lebte die ursprüngliche Bedeutung der Lade als Fruchtbarkeitslade wieder auf. Der Jahwäh
der Lade war nun der, der als Schöpfer die Frucht gibt, der das Viele, die Vielen (rabbīm)
gibt, der Kinder gibt (Hanna, 1 Sam 1,1-19) und der gar die vielen Völker Israel zukehrt.
Insofern war nun Jahwäh als der Gott der Lade, der Gott der orthaften Gegenwart inmitten
Israels, als Gott des Segens begreifbar geworden (Gen 18,18; 22,18; 26,4; Dtn 28,1).

FÜNFTER TAG

Ort
Hof des Tempels

Zeit
Am Morgen

Selbstverständnis
Die Versammlung der Kinder Israels zum Segen für die Völker

Thema
Die Versammlung der Kinder Israels, bestellt von Jahwäh als dem Gott des Segens zum Segen für die Völker, genauer: zum Gesegneten (mit Segenskraft Begabten) unter den Völkern, mit Übergabe der Erde, der Früchte der Erde an Israel, vonseiten Israels als "Landnahme" vollzogen zugute den Völkern (nicht ausbeuten, sondern Sorge tragen, Kriege untereinander abstellen und original das Recht zum Zugang zum Bethaus für jedermann sicherstellen)

Liturgie

▪ **Der aus allen Auseinandersetzungen siegreich hervorgegangene gōj Israel unterstellt sich dem Gesetz des Jahwäh ᵉlōhīm als dem hā'ēl, dem großen Heimatbereiter** (Sach 9,10).
▪ **In dieses Gottes Namen tritt auf der Kultprophet, der den Zuständigen, den König, mahnt, was er zu tun hat** (vermutlich vor dem Volk). **Von daher instruiert, muß der König den großen Appell (Predigt) an das Volk richten** (Neh 8,1ff).
▪ **Da nun in der großen Predigt des Königs es sich allerletzt handelt um ein jetzt dann gültiges Gesetz für All-Israel und alle Völker, sind es nach dem König die Leviten als die für die Gesetzeserklärung Zuständigen in Israel, die dann das Wort haben, in kleineren Gruppen den Inhalt zu erklären** (Neh 8).
Das Volk wird unter der Hand aus der politischen Größe eine Gemeinde, hinbezogen auf den ᵉlōhīm, der aber nun nach getanem Sieg in der Funktion des hā'ēl da ist (nicht des Retters, sondern des Gesetzgebers). Die auf ihn hin in Dienst genommenen Leviten müssen nach der großen Rede des Königs die Hauptarbeit leisten, mit immer möglichen Unterbrechungen durch Wechselgesänge und Lieder des Volkes. (Jos 1,8; Ps 1,2; Ps 19,8-11; Ps 119!)
▪ **Immer wieder wird zu vernehmen sein, daß dieser hā'ēl ᵉlōhīm nicht der Gott ist nur für Israel, sondern über Israel hinaus für alle Völker** (Gen 15,18.19; Jes 2,2-5; Jes 11,4.9; Jes 56,3-7; 1 Kön 8,41 par 2 Chr 6,32; Ps 96,7.8; Ps 100,1.4), **die man sich vermutlich als durch Kultstatisten vertreten vorzustellen hat.**
Bei alledem erscheinen die Könige und die Völker als Kinder, als Söhne und Töchter Israels und dies als Ausdruck der Fruchtbarkeit, als Sachgehalt dessen, was heißt „ein Segen sein".

Hintergrund
Das im Zusammenhang mit dem Aufstieg Davids den Kindern Israels zugewachsene Selbstbewußtsein als Vorrangvolk unter den Völkern, aber nicht um die Völker auszubeuten, sondern zugute den Völkern (Jes 2,5).

45

SECHSTER TAG

Tag der Prüfung

Am Vorabend
Bereitstellung des Zehnten aller Frucht
Danklieder (1 Chr 16,4-36)

Ort
Hof des Tempels

Selbstverständnis
Die Kinder Israels, sich wissend als Knecht Jahwähs, berufen und gesandt zum Segen für die
Völker, im Blick auf diese Berufung sich schuldig erkennend (Bringschuld, bundgemäß:
Sünde, 'āwōn)

Thema
Begegnung des Knechts mit dem Herrn zur Prüfung mit Blick auf die bundgemäß
abgelieferten Gaben (Tribute) des Lehensknechts an den Bundesherrn (Dtn 26)

Am Morgen

Liturgie
▪ Vollzug der Darbringung aller Frucht, der Güter, Kinder, Völker einschließlich der
Leibesfrucht (Gen 22; Ex 34,19; Dtn 12,6; 14,23; 15,19.20; 26,1-11; Neh 10,36-38)
▪ Feststellung der Schuld (Bringschuld, Sünde), Schuldbekenntnis (Lev 5,4; Dtn 26,13-14;
Dtn 30,1 ff; 1 Kön 8,33.34; Neh 9,1-3; Ps 32,5)
▪ Vollzug einer Reinigungstaufe (Besprengen mit Wasser) zur Vergebung der Sünden
(Num 8,7; Num 19,17-19; Jes 1,16-20; Ez 36,24-27; Ps 51,9; 111,9; 130,3.4.7. 8).
▪ Neuannahme des Knechts (der Kommunität) in den erneuerten Bund durch Jahwäh,
vertreten durch einen Liturgen (Dtn 26,17-19; Dtn 30,3f ; Jes 40,2; Jer 31,33-34).

Hintergrund
Im Bewußtsein der Vergebung und im Blick auf die Aufgabe, im Namen Jahwähs den
Völkern das Mahl zu bereiten: erneuertes Selbstbewußtsein der Kinder Israels, um als
Vorrangvolk unter den Völkern (Dtn 26,11-19) neu anzutreten als Gesegnete für die Völker:
Familie, Leviten (Dtn 12,7.18), Gastsassen (Dtn 14,29; Dtn 26,12). Jahwäh bereitet das Mahl
für die Völker (Jes 25,6-9).

SIEBTER TAG

Tag des Bundesmahles
Laubhüttenfest

Am Vorabend

Ort
Hof des Tempels

Thema
Gabe der Früchte aus der Hand des Bundesherrn an das Volk, vertreten durch den König, im Blick auf das am kommenden Tag zu feiernde Mahl der Vollendung, vollzogen in den Laubhütten
Dankgebet für den Empfang der Gaben (Ps 23,5; Ps 104,28; Ps 145,15.16)

Am Morgen

Ort
Hof des Tempels

Selbstverständnis
Die Kinder Israels, sich wissend als Bundesvolk, bereit zum Empfang der Bundesgabe, der Früchte der Erde, im Vollzug des Bundesmahles, grundsätzlich unter Beteiligung der Völker

Thema
Vollzug des Mahles als Erfüllung des Bundes des Herrn mit Befreiung von Angst, Not, Sorge - Fülle der Zeit ("Hosianna-Tag")

Liturgie
- **Versammlung des Volkes mit dem König im Vorhof des Tempels**
- **Vollzug eines Bundesmahles durch die Vertreter des Volkes**
- **Anschließend Verteilung der Gaben an jedermann, an "Mann" und "Frau"** ('îš, 'iššāh, 2 Sam 6,19) **als den Verantwortlichen zur Feier des Bundesmahles in den Häusern bzw. Laubhütten mit Essen, Trinken, Singen, Tanzen,** Ausgelassenheit, Rausch (Dtn 14,25b-26).

Hintergrund
Jährliche Wallfahrt der Kinder Israels aus allen Ecken des Landes zum Laubhüttenfest nach Jerusalem, zum Zion, zum Tempel, unter Beibringen von Früchten der Ernte und sogar Mitbringen der Kinder ab 12 Jahren, auch der aus anderen Völkern stammenden Gäste (Liturgen), dort in Erwartung, nach der Liturgie der ersten sechs Tage den 7. Tag im Genuß der Güter beim Mahl in Freude, Friede und Freiheit zu feiern im Vorhof des Tempels, in den Zelten, den Wohnungen, auf den Dächern, in Laubhütten.
Sättigung und Freude: Jes 12,3, 25,6-9; 42,6-7; Dtn 12,7.18; Dtn 12,7.18; 14,26; Dtn 27,7; Neh 8,10-12; Koh 9,7; Ps 16,11.

ZWEITE FESTWOCHE

Neujahrsfest - Fest des Neuen Bundes - Zions-(Weltenbergs-)Fest - Schöpfungsfest

Zeit: - qǽdæm: nach dem Abend des siebten Tags der ersten Festwoche nun der Vorabend
des ersten Tags der zweiten Festwoche 18 h bis Mitternacht
- ōlām - von Mitternacht des ersten Tags der zweiten Festwoche an

ERSTER TAG
Tag Jahwähs

Ort: Vorhof im Tempel

Selbstverständnis
Versammlung (qāhāl) der Kinder Israels in Erwartung der unausweichlich kommenden
Katastrophe im Blick auf die nachstehend aufgezählten dramatischen Ereignisse

Thema:
Auf das Begängnis der Vollendung der Welt am siebten Tag der ersten Siebentagewoche folgt
das Begängnis des Zusammenbruchs der Weltordnung:
Anbruch der Herrschaft des „Feindes" (Flut, Dürre, Finsternis und Tod) des ādām zusammen
mit seinem Volk Israel und damit auch des ādām-Sohns, des Menschensohns, Königs

Liturgie

Jammern und Klagen („Klagelieder des Volkes") im Vorhof
Die dem allem gemäße Zeit heißt qǽdæm, das Vor-Dem zu dem, was dann kommt u. gültig ist.
Gestimmtheit: Not, Sorge, Angst
Untergang: Jes 3,16-24; 5,8-30; 8,6-8; 17,10-14; 30,26-29; 59,9-10; Jer 6,22-26;
Notschrei: qārā': Ps 3,5; 18,7; 27,7; 31,18; 88,10; šī'ḥ: Ps 64,2; zā'áq: Ps 107,6.13.19.28;
142,2.6;
qūmāh (steh auf, Du!): Ps 3,8; 7,7; 9,20; 10,12; 17,13; 35,2; 44,27; 74,22;

a) Geschehen im Allerheiligsten, den Augen des Volkes verborgen, ihm aber voll bewußt
- Gang des Königs stellvertretend für das Volk ins Allerheiligste vor den Gottherrn
- Notschrei des Königs im Namen des Volkes zu Gott als dem Retter (Klagelieder des
Einzelnen: Pss 3-7, 10-14, 16, 17, 22, 23, 25-28, 31, 35-43, 51-59, 61-64, 69, 71, 73, 77, 86,
88, 94, 102, 109, 120, 130)
-- Stunde der Bewährung für den Knecht Jahwähs, den König, im Vollzug des Trauens
(hæ ᵉmīn, ᵉmūnāh), gänzliches Sich-Überliefern in die Treue des Bundesherrn
-- Stunde der Bewährung des Herrn im Erweis seiner Treue (ᵉmæt) gegenüber dem
Knecht mit der Erfahrung des Getrostwerdens auf seiten des Knechts
-- Auf(-er-)stehen des Bundesherrn (Ps 12,6), den Knecht ins Verhältnis nehmend,
Auffangen des Trauens in seiner Treue, den Trauenden getrost machend (Ps 40,3;
76,10) und Neues Leben ihm begründend: d. h. Erweckung des ādām, des ādām-
Sohns, des Menschensohns, des Königs aus dem Tod zu neuem Leben (Wsh 18,14-15)
-- und in alledem verborgenerweise Neu-Zeugung zum Kinde Gottes, Ps 2,7
- Anbruch des „Lichts am Morgen" (2 Sam 23,4) als Sieg über die Finsternis und damit
Hereinziehen des meteorologischen Geschehens ins Kultgeschehen (Jes 9,1.3.4; Ps 18,29):
Einlagern des Akts, daß Jahwäh der Getreue ist, ins Naturgeschehen des Tagesrhythmus

b) Heraustreten Jahwähs als des Bundesherrn in Aktion
  Die diesem Vorgang entsprechende Zeit nennt man ʿōlām: der in Betroffenheit erfahrene Augenblick, die nun gültige Zeit nach bestandener Angst und Not, deutsch: Ewigkeit.
- **Jahwäh steht auf - qūm - für den ʾādām: Er geht in seine Rolle als Herr,** Ps 68,2; Jes 28,21; konkret: die Lade: Num 10,35.
- **Jahwäh, herabgefahren aus dem Himmel, erhebt sich - rūm - gegen den Feind des Menschen,** Ps 21,14; 46,11; 57,6.11-12; 108,6; Jes 6,1; 30,18; 33,10.
- **Jahwäh fährt aus - jāṣāʾ - aus dem Allerheiligsten,** Ps 19,6.7, Ps 68,8; Jes 42,13; Mi 1,3; Hab 3,13; Sach 14,3; konkret: die Lade: Num 24,8; 23,22.
- **Jahwäh fährt herab - jārád -** Ps 18,10; Ps 72,6; Ps 144,5; Jes 31,4; Mi 1,3 **hinunter ins Gehennatal. Dort trifft er auf den Feind des Menschen, des ʾādām, dargestellt durch Liturgen.**
- **Jahwäh besiegt den Feind des ʾādām,** Jes 9,4; 25,4-5.7; 43,2; 68,21; 2 Sam 23,4.6-7.
- **Jahwäh (die Lade) kommt - bōʾ - als Sieger über die Davidsstadt hinauf ins Allerheiligste** (zusammen mit dem noch ohnmächtigen, sozusagen unter den Rockschößen Jahwähs verschwundenen, liturgisch noch nicht aktiven König), Jes 35,4; 40,10; 62,11; 66,15; Sach 9,9; Mal 3,1; Ps 50,3; 96,13; 98,9
- **und führt Gefangene mit sich,** Ps 68,19; vgl. Eph 4,8-10; 2 Kor 2,14.
- **Jahwäh steigt auf - ʿālāh - in den Himmel,** Ps 47,6; 68,19.
- **Jahwäh nimmt Sitz in Erhobenheit – mārōm,** Jes 33,5; 57,15; Jer 17,12; 25,30; Ps 7,8; 92,9; 93,4.
  Damit verbunden Epiphanie Jahwähs des Bundesherrn als Sieger über die Mächte und Gewalten Ps 29,8-10.
- **Jahwäh kommt vom Himmel her zum Gericht über Himmel und Erde,** Ps 7,7; 9,8; 67,5; 76,10; 97,2; 99,4; 103,6.
  Damit verbunden Theophanie samt Huldigung der Mächte und Gewalten vor dem Bundesherrn Jahwäh (im Allerheiligsten) Ps 29,1.2; 50,2; 97,1.7; 99,1.

Ergänzend dazu folgende Schriftstellen:
"Tag da Jahwäh Erde u. Himmel gemacht hat", Gen 2,4b.
"Gedenket nimmer des Früheren, dem Vormaligen sinnt nimmer nach! Wohlan, ich tue ein Neues", Jes 43,18.19.
"Von jetzt an lasse ich dich Neues erhorchen. Verwahrtes, das du nicht kennst, jetzt ists geschaffen, von eh nicht", Jes 48,6.7.
"Ja denn, wie der neue Himmel und die neue Erde, die ich mache, vor meinem Antlitz bestehen, ist SEIN Erlauten", Jes 66,22.
neue Schöpfung (bārāʾ): "Ich schaffe den Himmel neu, die Erde neu", Jes 65,17.
"Ein Neues schafft ER auf Erden", Jer 31,22.
"Du schickst deinen Geist aus, sie sind erschaffen und du erneuerst das Antlitz des Bodens", Ps 104,30.
"Aber schafft eine Schaffung ER", Num 16,30.
Also: neuer Himmel, neue Erde, neue Schöpfung neues Lied, Ps 33,3; 40,4; 96,1; 98,1; 144,9; 149,1; Jes 42,10.

ZWEITER TAG
Tag des 'ādām

d. h. mensch-bezogen: des □ādām-Sohns, des Menschensohns, des Königs/Messias
israel-bezogen: des so aus dem Tod zu neuem Leben Erweckten, Neugezeugten, berufen in
einen Neuen Bund (Ps 30,4; Jes 41,14; 42,6), eingesetzt (Ps 2,6; Ps 8,7) zum Kinde (jælæd)
Gottes und bestimmt zum Sohne (bēn) Gottes (Ps 2,7; Ps 110,1.2.4; Jes 9,5)

Ort: im Bereich des Tempels

Selbstverständnis: Israel hat hinter sich die Katastrophe, in sich das Bewußtsein, daß Jahwäh
aufgestanden ist, ihnen zur Rettung.

Thema: Darstellung der Auferweckung des Königs aus dem Tod zu neuem Leben

Liturgie

Einkleidung (Investitur) des Königs/Messias (1. Teil)
  **Statio: Versammlung des Volkes im Vorhof mit anschließendem Abstieg zur Statio
    an den Giḥōn-Quell:**
- **Der König wird gebadet im dienlich gemachten (Flut-) Wasser (Taufe),** 2 Sam 12,20; Ez
  16,9.
- **Er wird gesalbt mit dem Öl der Freude (Olivenöl),** Ps 2,2; 1 Sam 16,13; 1 Kön 1,38-40;
  2 Kön 9,6.12.13; 2 Kön 11,12.
- **Er wird eingekleidet mit dem linnenen Gewand ohne Naht knöchellang ~ neues Leben,**
  Gen 3,21; 37,3; Ex 28,4ff; 29,5 ff; Joh 19,23.
- **Er bekommt den Gürtel umgetan: gewappnet gegen den Feind,** Ex 12,11; 29,9; Ps 30,12;
  45,4; Joh 21,18.
- **Er trinkt aus dem Quell,** Ps 110,7; Jes 12,1-3.
Einkleidung (2. Teil)
- **Aufstieg zum Tempelberg ins Allerheiligste und darin Konfrontierung mit dem
  Bundesherrn Jahwäh**
- **Der König nimmt seinen Hochstand im Vorhof ein** (2 Kön 11,14 par 2 Chr 23,13 u.
  2 Kön 23,3 par 2 Chr 34,31).
- **Er bekommt den Purpurmantel umgetan.**
- **Er wird mit dem Weihreif bekränzt** (Ps 132,18; Ps 21,4; 2 Kön 11,12).
- **Er bekommt das Zepter (Ps 110,2)**
- **und das Königsprotokoll,**
  ist damit ausgerufen als 'ādām, berufen in die Herrschaft über alle Völker.
- **Er bekommt fünf Thronnamen: Wunderrat, Gottheld** (Ps 24,8), **Vater von Vorrat
  (Zukunft), Friedefürst, Mehrer des Reiches,** Jes 9,5-6).
Präsentation
  **des Königs gegenüber den Mächten und Gewalten als des 'ādām, 'ādām-Sohns,
  Menschensohns, neu in Bund genommen,**
  in der Rolle des Einen (ecce homo, Gen 3,22; Joh 19,6), **dem als solchem das (Welt-) Gericht
  zusteht** (Ps 115,16; Ps 8,5-9, Ps 72,1.2.4).
Inthronisation:
  Aufforderung des Bundesherrn an den Einen, Sitz zu nehmen an seiner Rechten (Ps 110,1.2).
  Aufforderung des Bundesherrn an die Mächte und Gewalten (Naturmächte und
  Geschichtsmächte), **dem Einen zu huldigen** (Ps 2,10.11; Ps 8; Jes 9,5.6), **sich ihm in seiner
  Zuwendung zum Volk in Dienst zu begeben.**
  Rein liturgisch tritt das Volk noch nicht aktiv in Erscheinung.

DRITTER TAG

Tag des Volkes (ʿam = Bundesvolk)
Tag der Erstehung (Epiphanie) des 'ādām

Ort
Vorhof des Tempels und Allerheiligstes

Zeit
Am Morgen

Selbstverständnis
Durch das Auftreten des aus dem Tod erweckten Königs in der Hoffnung auf ein neues Leben

Thema
Neuinbundnahme (Neuer Bund)

Liturgie
Vollzug des Bundesrituals des Neuen Bundes unter Vermittlung durch den König (Ex 19)

- **Präsentation des Königs durch den Bundesherrn** ("Da euer König!" Joh 19,14) **gegenüber dem Volk als des aus dem Tod geretteten Retters Israels (Auferstehung)**
- **Ausbruch der Freude**
- **Reaktion darauf: jeḥī hammǽlæk, es habe Leben der König,** 1 Kön 1,34.39; 2 Kön 11.12.
- **als Echo: Juble sehr, Tochter Zion,** Sach 9,9; Jes 4,2-6.
- **Verkündigung der Neuheit des Bundes - auf der Basis von gestorben sein und leben - durch den König an das Volk,** Jer 31,31-33; Jes 42,1; 54,8b.
- **Darlegung von Gesetz und Recht des Neuen Bundes (durch die Leviten) im Blick auf den Umgang miteinander innerhalb Israels** (Dtn 30,11-16 par Jer 21,8; Sach 9,10; Neh 8,7.8.10.12.18).
- **Das Volk nimmt den Bund an: „Wir tuns, wir hörens",** Ex 24,7 **und wiederholt den Gesang der Mächte und Gewalten,** Jes 9,5.6 – das Kind als Ausbund des Bundes:
  5 Denn ein Neugeborner ist uns geboren, ein Sohn ist uns gegeben,
  auf seiner Schulter wird die Fürstenschaft sein. Seinen Namen ruft man: der Wunderrat weiß, Gottheld, Vater von Vorrat (Zukunft), Fürst des Friedens.
  6 Zu viel Fürstenschaft und zum Frieden ohne Grenzen über Dawids Stuhl, über seiner Königsmacht, zu gründen die, sie zu stützen mit Gerechtigkeit (bᵉmišpāṭ), mit Bewährung, (bᵉṣᵉdāqāh), von jetzt in die Zeit hinfort: Vollbringen wird das Jahwähs des Umscharten Eifer.

Der ganze Vorgang begriffen als Hochzeit(s)tag), daher der Titel „Tag des himmlischen Hochzeitsmahls", Ps 45; Jes 62,4-12; Jer 2,2.

VIERTER TAG

Tag Israels
als Segen für die Völker

Ort
Vorhof des Tempels

Zeit
Morgenfrühe bis Mittag

Selbstverständnis
Israel, konfrontiert mit seiner Sendung, den Völkern in ihrem Leiden (Finsternis, Sterben, Tod) ein Licht zu bringen (Jes 42,6)

Thema
Vermittlung des Sendungsauftrags an Israel durch den Messias (König) zum Segen für die Völker (Jes 2,1-5; Jes 42,1.4.6; Ps 19; 2 Sam 23,3; Jes 12,4)

Liturgie

Vollzug des Bundesrituals mit Vollstreckung des Sendungsauftrags durch den Messias/König an Israel im Blick auf die Völker (Ex 19,4ff; Jes 49,6-8; Ps 87; 2 Sam 7,19.23)

Darlegung von Gesetz und Recht des Neuen Bundes durch die Leviten im Blick nicht nur auf den Umgang miteinander, sondern über Israel hinaus auf den Umgang mit den Völkern (Sach 9,10; Ps 33,4; Ps 47,4)

Jahwäh als ʾlōhīm wird zum Programm (Ps 68,32.33.36)

FÜNFTER TAG

Tag der Völkerwallfahrt
zum Zion

Ort
Vorhof des Tempels

Zeit
Morgenfrühe

Selbstverständnis
Israel in Erwartung der Völker, die kommen, um in Zion/Jerusalem Jahwäh, dem Gott
Israels, zu begegnen (Jes 2,2-3; Jes 60,3.11.13-14; Ps 22,28-29; Ps 68,29.30.32.33;
Ps 87,4.6.7)

Liturgie

Völkerwallfahrt
(Ps 72,10.11.15a.17b.19; Ps 86,9; Hag 2,7; Ps 122,1.2; Ps 66,4;
Ps 96,9; Ps 99,1.2.3.5.8.9; Jes 27,13; Jes 45,14; Sach 14,16)

Mehrung des Reichs, die Vielen einbeziehen
Diesen Anspruch der Großvölker des Alten Orient mutet sich das kleine Israel zu in
seinem Gott, der ein Versöhner ist und nicht ein Baal wie die Völkergötter (Jes 19,18-
25; Ps 47; Ps 102,16.22.23; Jer 3,17).

SECHSTER TAG

Tag der Völkerunterweisung

Ort
Vorhof des Tempels

Zeit
Am Morgen

Selbstverständnis
Israel bereit, den Völkern im Namen Jahwähs die Weisung Jahwähs zu vermitteln, auf welche die Völker harren

Thema
Völkerunterweisung in Zion/Jerusalem durch Israel zu einem Leben zur Ehre Gottes und zum Wohl der Menschen

Liturgie

Ausbringen des Lobpreises Gottes durch einen Verkündiger und Darlegung der Unterweisung durch die Leviten gemäß Bundesformular im Bezirk des Heiligtums, Neh 8,1-17

Sünde aufdecken/feststellen *(keine Mahnung!)*
Gen 4,7; 1 Sam 2,17; 1 Sam 15,23; 2 Kön 13,2; Jes 30,1; Jer 16,18; Jer 17,1; Hos 10,8; Neh 9,2b; Jes 13,11; Jes 14,13.14, Jes 16,6:7; Jes 17,9.10; Ez 28,2.6.15-18

Tod ansagen
Dtn 30,1 ff; Fremdvölker-Orakel Jes 13-23; Ez 18,24; Ez 28,1-19

Begnadigung eröffnen:
Jes 45,14; Jes 19,19-22; Jes 56,6-8; Jes 60,7;

Israel bestellt als eschatologischer Zeuge für die Völker:
Jes 43,8-12; Jes 45,14-17.20.21; Jes 53,11-12; Jes 55,3b-5; Jes 2,3-5; Sach 8,22.23

SIEBTER TAG

Tag des Völkermahls
Hosianna–Tag

Ort
Vorhof

Zeit
Morgen bis Mittag

Selbstverständnis
Israel bereit, im Namen Jahwähs den Völkern ein Mahl zu bereiten

Liturgie

Völkermahl - Bundesmahl des Herrn Jahwäh für Israel und die Israel eingegliederten Völker
Jes 25,6-9; Ps 145,15.16; 22,26-30; 36,8.9

ACHTER TAG

Tag der Entlassung

Ort
Vorhof

Zeit
Morgen bis Mittag

Selbstverständnis
Selbstbewußtsein Israels, berufen zu sein zum Segen für die Völker

Thema
Einsetzung zum Segen für die Völker

Liturgie

Segnung Israels 1 Kön 8,54-65
Entlassung Israels 1 Kön 8,66; 2 Chr 7,8-10 *vgl. 2 Chr 30,21-26*
Zeugnis 1 Kön 8,59.60

Nachwort

Wir haben gesprochen vom „Kult Israels". Was ist denn letztes Ziel dieser Bemühung? Uns kann ja doch Israels alter vergangener Kult nicht ernstlich mehr interessieren. Aber auf diese Weise lernt man überhaupt erst wieder den Zugang zu diesem Element der Sprache, das der Kult ist. Kult ist Sprache, Sprache einer Gemeinschaft, sie ist Zeugnissprache. Sie ist keine intellektuelle Sache, keine Verstandessache; sie ist ein praktisches Tun, das praktische Tun des Volkes Gottes in seinen Versammlungen und seinem Beten und Singen.
Wer von uns hat noch Saft genug, um in kirchlicher Zeit jene Kultsprachform zu entwickeln, von der man sagen könnte, da ist noch alle Kraft drin? Unser Kult ist so vertrocknet, so verdünnt! Unsere Liturgie krankt. Sie ist nach dem Konzil gesäubert von viel Irrnis und Wirrnis, das stimmt, aber um den Preis, dass das nackte Gerüst armselig dasteht. Das sage ich jetzt nicht verzagt und spottend und distanziert, sondern als einer, der dazu beitragen möchte, dass es wieder möglich wird, Liturgie zu feiern, nicht die kurzatmige, selbstgebastelte, sondern jene, die aus den Wurzeln kommt. Jene, die denen, die daran teilnehmen, ihr Leben wachruft und gestaltet. Aus unserem Begängnis und Feiern müssen wir herausgehen als wie Neugeborene.

Literatur

Alt, Albrecht, Der Gott der Väter, Beiträge zur Wissenschaft vom Alten und Neuen
   Testament, 3. Folge Heft 12, 1924, Kohlhammer Verlag
   bzw. Kleine Schriften zur Geschichte des Volkes Israel, Bd. I, Verlag Beck, München
ders., Die Landnahme der Israeliten in Palästina,
   Leipzig Werkgemeinschaft Leipzig 1925
Asmussen, Jens Peter, Laessoe, Jorgen (Hrsg.), Handbuch der Religionsgeschichte,
   Vandenhoeck & Ruprecht, Göttingen 1971 (3 Bände)
Baltzer, Klaus, Das Bundesformular, Wissenschaftliche Monographien zum Alten und Neuen
   Testament Band 4, Neukirchener Verlag 1964
Begrich, Joachim, Berīt, Ein Beitrag zur Erfassung einer alttestamentlichen Denkform,
   Gesammelte Studien zum Alten Testament, Kaiserverlag, München 1964
   Zeitschrift für die Alttestamentliche Wissenschaft 60, 1944
ders., Die Paradieseserzählung, Theologische Bücherei Bd. 20, Kaiser München
Beyerlin, W., Herkunft und Geschichte der ältesten Sinaitradition,
   Verlag Mohr (Siebeck), Tübingen 1961
ders., Grundrisse zum AT, Religionsgeschichtliches Textbuch zum AT, ATD, Nr 1, (mit
   den ugaritischen Texten), Vandenhoeck & Ruprecht, Göttingen 1975
Botterweck J., Ringgren H., Fabry H.-J. (Hrsg.), Theologisches Wörterbuch zum Alten
   Testament, Verlag Kohlhammer, Stuttgart 1996
Dus, Jan, Der Brauch der Ladewanderung im alten Israel
   Theologische Zeitschrift 17 / 1961 / Heft 1
ders., Noch zum Brauch der Ladewanderung, Vetus Testamentum XIII /1963 / Heft 2
ders., Die Erzählung über den Verlust der Lade, 1 Sam IV, Vetus Testamentum XIII / 1963 / Heft 3
Fohrer, Georg, Geschichte der israelischen Religion, Walter de Gruyter, Berlin, 1969
ders., Das Alte Testament, 2 Bände, Gütersloher Verlagshaus Gerd Mohn, 1970
 Galling, Kurt (Hrsg.), Textbuch zur Geschichte Israels, Verlag Mohr (Siebeck)
   Tübingen1979
Greßmann, Hugo, Altorientalische Texte zum Alten Testament
   Verlag Walter de Gruyter, 2. Auflage, Berlin und Leipzig 1926
ders., Altorientalische Bilder zum Alten Testament, 2. Auflage, Berlin 1927
Haag, Ernst, Der Mensch am Anfang, Die altestamentliche Paradiesvorstellung
   nach Gen 2-3, Trierer Theologische Studien Bd. 24, 1970, Paulinus Verlag Trier, 1970
Haag, Herbert, Homer, Ugarit und das Alte Testament, Aufsatz in der Zeitschrift „Biblische
   Beiträge", Neue Folge, Heft 2, Benziger Verlag 1962
Hartmann, Karl, Atlas-Tafelwerk zu Bibel und Kirchengeschichte
   Bd. I, AT und Geschichte des Judentums, Quell Verlag, Stuttgart 1979
Heidel, Alexander, The Babylonian Genesis, Phoenix Books, The University of Chicago
   Press, Chicago 1965
Helck, W., Die Bedrohung Palästinas durch einwandernde Gruppen am Ende der 18. und
   Anfang der 19. Dynastie, Vetus Testamentum XVIII, 1968, Nr. 4
Hvidsberg, The Kanaanite Background of Genesis 1-3, Vetus Testamentum Bd. 10, Nr. 3
Jenni / Westermann, Theologisches Handwörterbuch zum Alten Testament (2 Bände),
   Chr. Kaiser Verlag München 1978 (3. Auflage)
Jirku, Anton, Der Mythus der Kanaanäer, Verlag Rudolf Habelt, Bonn 1960
Kapelrud, Arvid, Die Ras-Schamra-Funde und das Alte Testament,
   Verlag Ernst Reinhardt, München
Kittel, Gerhard, Theologisches Wörterbuch zum NT „Diatheke"

Koch, Klaus, Was ist Formgeschichte, Neue Wege der Bibelexegese,
  Neukirchner Verlag, 1964
ders., Die Hebräer vom Auszug aus Ägypten bis zum Großreich Davids,
  Vetus Testamentum XIX 1969, Nr. 1
Korosec, V., Hethitische Staatsverträge, ein Beitrag zu ihrer juristischen Wertung,
  Leipziger Rechtswissenschaftliche Studien, Heft 60, Leipzig 1931
Kraus, Hans-Joachim, Psalmen, Biblischer Kommentar Altes Testament (BK), Band XV/1-2
  Neukirchener Verlag
ders., Theologie der Psalmen, BK Band XV/3
ders., Gottesdienst in Israel
  Grundriß einer Geschichte des atl. Gottesdienstes, ^{2}1962, Kaiser, München
ders., Schöpfung und Weltvollendung, Ev. Theologie 24, Heft 9, 1964
Kuhl, Curt, Die Entstehung des Alten Testaments, Franke-Verlag, München 1960
Kuschke, Arnulf, Die Lagervorstellung der priesterlichen Erzählung,
  Zeitschrift für die alttestamentliche Wissenschaft 63,1951, Heft 1 /2
Maier, Johann, Das altisraelitische Ladeheiligtum, BZAU 93, Töpelmann, Berlin 1965
Mendenhall, George E., Recht und Bund in Israel und dem Alten Vorderen Orient,
  Theologische Studien Heft 64, EVZ-Verlag Zürich 1960
Metzger, Martin, Grundriß der Geschichte Israels, Neukirchener Verlag 2. Auflage
Noth, Martin, Das System der zwölf Stämme Israels, Beiträge zur Wissenschaft vom Alten
  und Neuen Testament, 4. Folge Heft 1, Verlag Kohlhammer, Stuttgart 1930
ders., Überlieferungsgeschichte des Pentateuch, Verlag Kohlhammer, Stuttgart 1948,
  Nachdruck durch Wissenschaftliche Buchgesellschaft, Darmstadt 1966
ders., Geschichte Israels, ^{7}1969, Vandenhoeck & Ruprecht
Pritchard, J.B., (Hrsg.), Ancient Near Eastern Texts relating to the Old Testament,
  Princeton 1969^3
Rad, Gerhard v., Der Heilige Krieg im Alten Israel,
  Verlag Vandenhoeck & Ruprecht, Göttingen 1958
ders., Das formgeschichtliche Problem des Hexateuch,
  in: Gesammelte Studien zum AT, Kaiser, München
ders., Zelt und Lade, Gesammelte Studien zum AT, Kaiser, München 1961
ders., Es ist noch eine Ruhe vorhanden dem Volke Gottes,
  Gesammelte Studien zum AT, Kaiser, München 1961
ders., Aspekte alttestamentlichen Weltverständnisses, Gesammelte Studien zum Alten
  Testament, Bd 8, Kaiserverlag, München 1964
Ringgren, H., Die Religionen des Alten Orient, ATD Ergänzungsreihe Grundrisse des Alten
  Testaments, Sonderband, Vandenhoeck & Ruprecht, Göttingen 1979
Rost, Leonhard, Die Überlieferung von der Thronnachfolge Davids, Stuttgart 1926
ders., Weidewechsel und Alttestamentlicher Festkalender, Zeitschrift des Deutschen
  Palästinavereins 66, 1943 bzw. Das kleine Credo und andere Studien zum AT, Verlag
  Quelle Meyer, Heidelberg 1965
Schmidt, Werner H., Königtum Gottes in Ugarit und Israel, Beihefte zur Zeitschrift für die
  alttestamentliche Wissenschaft (80), Verlag Töpelmann, Berlin, ^{2}1966
ders., Alttestamentlicher Glaube in seiner Geschichte,
  Neukirchener Studienbücher Band 6 (1975)

Schmitt, Götz, Der Landtag von Sichem, Arbeiten zur Theologie Reihe 1, Heft 15, Calwer
  Verlag 1964

Schott, Albert,- Soden, Wolfram v. (Hrsg.), Das Gilgamesch-Epos, Verlag Reclam, Stuttgart 1958

Smend, Rudolf, Jahwekrieg und Stämmebund, Erwägungen zur ältesten Geschichte Israels, Forschung zur Religion und Literatur des AT und NT Heft 84, Verlag Vandenhoeck und Ruprecht, Göttingen 1963

Stolz, Fritz, Strukturen und Figuren im Kult von Jerusalem Studien zur altorientalischen, vor- und frühisraelitischen Religion, Walter de Gruyter & Co., Berlin 1970

Volz, Paul, Das Dämonische in Jahwe, Sammlung gemeinverständlicher Vorträge, Verlag Mohr (Siebeck), Tübingen 1924

Weiser, Artur, Die Psalmen, Das Alte Testament Deutsch, Vandenhoeck & Ruprecht, 10. unveränd. Auflage 1987

Westermann, Claus, Abriß der Bibelkunde, Fischerbücherei 935

ders., Theologie des AT in Grundzügen, Ergänzungsband 6, Vandenhoeck & Ruprecht, Göttingen

Wolff, Hans-Walter, Das Kerygma des deuteronomistischen Geschichtswerks, Zeitschrift für die Alttestamentliche Wissenschaft 73 (1961) 2

Zwickel, Wolfgang, Der Salomonische Tempel, Verlag Philipp von Zabern, Mainz 1999

Register der Bibelstellen

DTN

4_{26}	26
6_4	23
12_6	45
7.18	45. 44
$14_{23.29}$	45.
25.26	46
$15_{19.20}$	45
$26_{1ff.}$	45
27_7	46
$30_{1ff.}$	45. 53
$11-16$	50
31_{11-13}	39
32_8	27
33_8	3

JOS

1_8	44
2_{10}	5
3_{17}	5
4_{23}	5
10_{12-14}	6
18_1	13
24	7

1 SAM

1	13
1_{1-9}	43
2	12
17	53
28	13
3	12
$4_{3.4}$	13
$4-7_1$	42
11_{1-19}	14
15_{23}	53
16_{13}	49

2 SAM

2_{1-7}	36
29	2
5_{1-3}	36
2	24
8	34
12	20. 26
$17-25$	16. 35. 36
6_{1-11}	42
$12-19$	17. 43. 46
6_{21}	26
7_9	26
10	19. 26
$8-11.17$	20. 26
12	22
16	26
$17-29$	20.26.27.51
8	36
10_{6-19}	36
12_{20}	48
15_{30}	35
23_3	51
$4.6-7$	47. 48

1 KÖN

1_{34-40}	49. 50
$6_{23ff.}$	31
8_{1-11}	43
$33.34.41$	44. 45
$54-66$	29. 54
$12_{28ff.}$	10. 11

2 KÖN

$9_{6.12.13}$	49
11_{12}	49. 50
14	32. 49
13_2	53
23_3	32. 49

68_2	10. 48	149_1	48
8	48		
19	48	JES	
29-33. 36	51. 52		
$72_{1.2.4}$	49	1_{16-20}	45
6	48	2_{1-5}	27.44.51.52. 53
10-19	52	3_{16-24}	47
74_{22}	47	4_{2-6}	50
76_{10}	48	5_{8-30}	47
86_9	52	6_1	27. 48
87	51	2	31
$87_{4.6.7}$	52	7_9	26
88_{10}	47	8_{6-8}	47
92_9	48	$9_{1.3.4}$	47
93_4	48	4	48
96_1	48	5-6	25. 49. 50
7.8	44	$11_{4.9}$	44
13	48	12_{1-3}	49
96_9	52	3	46
$97_{1.2.7}$	48	4	51
$98_{1.4.9}$	48	13 - 23	53
$99_{1.4}$	48	11	53
1.2.3.5.8.9	52	14_{13}	19. 53
$100_{1.4}$	44	$16_{6.7}$	53
$102_{16.22f}$	52	$17_{9.10}$	53
103_6	48	10-14	47
104_{28}	46	19_{18-25}	52. 53
30	48	$20_{1ff.}$	10
$107_{6.13.19.28}$	47	22_{2-5}	27
108_6	48	22_{26-30}	54
110_1	24	25	27
3	19	4-5. 7	48
1-4. 7	49	6-9	45.46.54
111_9	45	27_{13}	52
114_3	5	28_{21}	48
115_{16}	49	30_1	53
119	44	18	48
$122_{1.2}$	52	26-29	47
$130_{3-4.7-8}$	45	31_4	48
131_1	26	33_5	48
$132_{6-8.13-14}$	25. 43	10	48
18	49	35_4	48
$142_{2.6}$	47	$36_{.8.9}$	54
$144_{5.9}$	48	40_2	43
145_{15-16}	46. 54	10	48
		41_{14}	49

$42_{1.4.6}$	50. 51	28_{2-19}	53
$42_{10.13}$	48	36_{24-27}	45
43_2	48		
$_{8-12}$	53	**HOS**	
$43_{18.19}$	48		
$45_{14-17.20.21}$	52. 53		
$48_{6.7}$	48	10_8	53
49_{6-8}	51	11_1	25
53_{11-12}	53		
54_8	50		
55_{3-5}	53	**MI**	
56_{3-7}	44		
$_{6-8}$	53	1_3	48
57_{15}	42	**HAB**	
59_{9-10}	47		
$60_{3.11.13.14}$	52	2_{4b}	26
$_7$	51	3_{13}	48
62_{4-12}	50		
62_{11}	48		
65_{17}	48	**HAG**	
66_{15}	48		
66_{22}	48	2_7	52
68_{21}	46		
$145_{15.16}$	54		
		SACH	
		$8_{22.23}$	53
JER		9_9	48. 50
		$_{10}$	44. 50. 51
2_2	50	14_{13}	48
3_{17}	52	$_{16}$	52
6_{22-26}	47		
7_{31}	34		
16_{18}	53	**MAL**	
17_1	53		
$_{12}$	48	3_1	48
19_5	34		
21_8	50		
31_{22}	48	**MK**	
$31_{31-33.34}$	45. 50		
		14_3	35
EZ			
		LK	
16_9	49		
18_{24}	53	19_{29}	35

JOH

$12_{1f.}$	35
14_7	27
19_6	49
$_{14}$	50
$_{23}$	49
21_{18}	49

APG

9_{13}	24

RÖM

8_{19}	24

1 KOR

$1,_1$	24
15_{25}	24

2 KOR

$2_{\ 14}$	48

EPH

1_{22a}	24
4_{8-10}	48

PHIL

1_1	24

65
Verzeichnis der hebräischen Wörter

'ādām	16ff. 23ff. 32. 47ff.
'ᵃdāmāh	18. 19. 27. 38
'āhēb	22
' □ḥād	23
'īš	16. 19. 20. 25. 46
'iššāh	25. 46
'īš milḥāmāh	5
'ēl (Pl. 'ēlīm)	3. 6. 8. 9. 19. 23f.
'ēl kābōd	24
'ēl 'æljōn	23
'ēl 'ōlām	23. 24
'ēl qādōš	24
'ᵆlōhīm	24. 40. 44. 51
'ᵆmūnāh	47
'ᵆm □t	47
'ēm kol·ḥaj	24
'ᵃrōn	11
'āræṣ	17. 27
bō'	5. 37. 48
bēn	49
bᶜnī	22
bānīm	25
bá□al	S. 8ff. 17ff. 23ff. 27. 31f.
bāśār	22
gan	19
gōj, gōjīm	15. 42
hā'ēl	19. 24. 44
h□'□mīn	47
higgīd	35
hājāh	23
zā'áq	47
ḥag	9. 11
ḥaj	20. 50
ḥōq	3. 7. 22
ḥārābāh	4
Jahwäh	4. 23. 35. 52. 54
jᶜhī hammǽl□ḵ	50
jahj□h/jahw□h	23
jǽlæd	49
jāṣā'	5. 48
jāṣár	22

jārád	38. 48
jiśrā'ēl	jōšēb 19
kābōd	19. 24
mizbēᵃḥ	30, 32
maḥᵃn□h	5. 15
mōšāb	25
mǽl□ḵ	15. 50
mᵉnūḥāh	25
minḥāh	32
māqōm	3. 4. 6. 20. 23. 26. 27. 38
mārōm	48
mērāḥōq	39
mᵉrībāh	3
māšīᵃḥ	25
miškān	25
mišpāṭ	3. 7. 22. 50
mōšāb	25
nǽg□d	25
nāgīd	25. 26
nāgá'	10. 20
nǽga'	10
nāgáp	10
nǽg□p	10
nāḥál	27
nāḵōn	43
nākāh	5
ná'ar	7
nāśī'	7
sīnaj	3. 10. 12. 13
'ābár	5
'ēdāh	3. 7. 39
'ālāh	37. 48
'æljōn	19. 23
'ōlāh	11; 32
'ōlām	23. 26. 47. 48
'am	26. 50
'im	23
'āmád	35
'ēt	35
pǽsaḥ	1. 4.
ṣᵉbā'ōt	5.
ṣᵉdāqāh	50
qādōš	19. 24

Impressum: **Der Kult Israels in seinen Hauptbegängnissen zur Zeit Davids**

Hg.: Agathe Strohmayer

ISBN: 978-3-754395-04-2

Nachdruck mit freundlicher Genehmigung von Patmos e.V.

Herstellung und Verlag: BoD – Books on Demand, Norderstedt

Titelfoto: mit freundlicher Genehmigung der Skulpturensammlung und Museum für Byzantinische Kunst, Fr. Dr. Gabriele Mietke, Berlin